EBEE
Evidence-Based English Education

英語教育のエビデンス
これからの英語教育研究のために

亘理陽一／草薙邦広／寺沢拓敬／浦野研／工藤洋路／酒井英樹［著］

Watari Yoichi / Kusanagi Kunihiro / Terasawa Takunori / Urano Ken / Kudo Yoji / Sakai Hideki

研究社

は じ め に

　1990年代初頭、英米を中心に広がった「エビデンスに基づく医療」（EBM; evidence-based medicine）は、またたく間に、日本を含む世界の医療の標準的枠組みに成長しました。エビデンスとは、詳細な定義は後の章に譲りますが、ある医療行為が本当に効くかどうかを判断するための実証研究の知見のことです。

　この「エビデンスに基づく医療」の根本思想は、いまや教育領域にも移植されつつあります。国内外を問わず「エビデンス」に基づく教育政策の重要性が論じられ、学校種によらず教育実践がそのような情勢の影響を受けるようになりました。英語教育も例外ではなく、論文や学会発表での議論において、文部科学省・国立教育政策研究所による学習指導要領の実施状況調査や、ベネッセ教育総合研究所による学習者の意識・能力に関する調査結果が幾度となく参照されてきました[1]。しかしわれわれは「エビデンス」について、それを参照するに足るだけの理解を深めてきたと言えるでしょうか。「エビデンス」に振り回されず、うまく活用してきたと言えるでしょうか。英語教育について議論するために必要な「エビデンス」とはどういうものなのか、これまでの英語教育研究はそれを生み出してきたと言えるのか、言えないとすれば何が必要なのか、本書はそれを原理的かつ具体的に考えてみようとするものです。

---

[1] ただし、英語教育・外国語教育分野で、「エビデンスに基づく教育」を理論的に論じているものはまだなく、その点で本書が先鞭をつけるものだと自負しています。たしかに、エビデンスをタイトルに冠する書籍・論文はすでに存在しますが（e.g. Mitchell, 2000; Sato & Loewen, 2019）、「エビデンス」はある種のキャッチフレーズにすぎず、正確な理解に基づいて使われているわけではないようです。また、2017年の大阪市総合教育会議では、「エビデンスに基づく」と称した英語教育改革案が提言されていますが（大森、2017）、こちらもその基本的概念に誤解が見られます。他方、例外と言えるのが、英語教育にも一部言及のある森・江澤（2019）で、同書は「エビデンスに基づく教育」の意義を正しい理解に基づいて啓蒙しています。しかし、同書には英語教育の内容について明らかな誤解（L1学習用のフォニクスに関するエビデンスをもとに、L2学習である日本の小学校英語を論じている）があり、この事実は、逆説的に、エビデンスを正しく選ぶことの困難さを例証していると言えます。

　そもそも、「エビデンス」とは英語教師にとって本当に必要なものでしょうか。たとえば上記の様々な調査で示される全国的な状況は、好ましいものであるか否かにかかわらず、個々の教師（がかかわる学校・教室）のレベルでは、わかりきっていた事実を追認するか、まったく無縁のものと感じられるかのいずれかのように映ることが少なくありません。実直な教師であればあるほど、自分が教える児童・生徒より優先すべきものはないわけで、日頃把握している自らの生徒たちの状況と同じような報告であれば「そんなことは知っていた」と思い、良かれ悪しかれ食い違う報告であれば「ウチとはずいぶん違う」と感じられるだけだからです。

　もちろん全国的傾向を知ること、あるいはその比較にまったく意味がないとは言いません。しかしその事実によって、英語教師が自らの抱える実態を無視してまで授業の内容・方法を変えようとするとは考えにくいでしょう。投薬の効果や生活習慣の健康に対するリスクがエビデンスとして明確に示されていたとしても、われわれがそれを自らの問題と考え、自らの行動に反映させるかどうかは別問題なのです。そもそも医療で明らかになっているレベルの因果効果を、3年や6年とは言わず1年、半年のスパンであっても、明確に示すエビデンスを英語教育研究は未だ持ち得ていません。

　それでも英語教師がエビデンスについて十分な理解を持ち、エビデンスとの付き合い方を考えておくことは必要かつ重要だと本書は考えます。

　一つは、何らかの「エビデンス」を根拠として提示される教育政策の妥当性を判断するためです。英語教師個人がそれを自らの指導理念や子どもたちの実態にそぐわないと感じたとしても、公教育においては、国や自治体レベルでの施策が程度の差はあれ強制力を持って各学校・各教室に課される可能性があります。その時、自分の教える児童・生徒を守るためには、そこで根拠とされている「エビデンス」を鵜呑みにするのではなく、直接的または間接的にそれを吟味し、仮にエビデンスの妥当性が疑われた場合は声をあげなければなりません。現に、これまで研究者や国・自治体が行ってきた英語教育関係の調査等には、政策的・実践的判断を裏づける妥当性の面で問題が多いものも少なくありません。そもそも、英語教育関係者が、リサーチのあり方をエビデンスの観点から評価することは稀でした（学術的な観点での評

価はなされてきましたが、本書で説明するとおり、それはエビデンスの考え方とは若干ずれます）。こうした問題点こそが、本書で詳細に検討したい点です。

　もう一つは、英語教師が、英語教育研究の成果に基づいて自らの教える内容や指導法を変えようとする際、派手な謳い文句や表面的な成果に惑わされるのではなく、示された「エビデンス」の質を十分吟味し、自らの抱える文脈において、様々な条件と選択肢の組合せの中でそれが最善であると納得した上でその選択をするためです（Taber, 2013, p. 22; 山森、2018, p. 19）。

　英語教師が自らの授業での試みに何らかの裏づけを求め、書籍やWebページを通じて研究者の知見に頼ろうとするのはごく自然なことです。しかし、「科学的に実証されている」であるとか「研究成果に基づく」という触れ込みで英語教師の手に届く情報が、その実、本書で言う意味でのエビデンスに基づいたものではないことが少なくありません。提示されている指導法・学習法それ自体についての実証的な根拠はなく、（エビデンスの考え方から見ると、信頼度が極めて低い）「専門家の意見」にすぎないものであるにもかかわらず、いわば箔を付けるために「研究」や「エビデンス」に基づいたり、「科学的な効果」を語ったりする英語教育関係の文献は枚挙に暇がありません。しかしこうした書籍やWebページの著者が実際の教室で実践された際の結果にまで責任を持つことはほとんどなく、「言いっぱなし」の状況が広がっています。そうしたこれまでの英語教育研究・実践の（無邪気な、もしくは自覚的な）害悪を指弾することも本書の重要な役目と捉えています。

　本書は、「エビデンスをどう評価するか」という観点での4つの章と、「エビデンスをどう産出するか」という観点での4つの章、そして「エビデンスをどう活用するか」についての2つの章で構成されています。各章の概要を順に解説しておきましょう。

　第1章「英語教育研究の新たな原則——エビデンスについて考える前に」では、研究方法論について具体例を交えながら、従来の英語教育研究に根ざす論理的問題点を指摘します。「科学的に証明された効果的な指導法」が世に溢れる一方で、日本の英語教育の成果に対する批判も絶えません。本章で

は、「意思決定」と「選択」という観点こそが、英語教育研究における新たな原則の一つになることを主張します。

第2章「エビデンスで英語教育は変わるのか——EBPPの基本概念の批判的検討」では、エビデンス概念、とりわけEBPP (evidence-based policy and practice) の英語教育研究への適用可能性を論じます。EBPPは、従来の英語教育研究の手続き的問題、とくに権威主義や我田引水の引用を乗り越える上で重要なアプローチである一方、教育現象と相性が悪い面もあり、直接的に適用することは避けなければなりません。本章では、EBPPのメリットと問題点を概観し、因果効果、エビデンス階層、医療との相違といった観点から英語教育研究への適用可能性を考えます。

第3章「英語教育におけるメタ分析の重要性」では、外国語教育研究の分野において2000年以降盛んとなったメタ分析に焦点を当て、研究の統合について論じます。メタ分析を行い、これまでに何が判明し何が判明していないのかを総括するのは研究者の重要な責務である一方、外国語教育分野においてはメタ分析が不十分であるのが現状です。本章では、他分野(医学)におけるメタ分析との比較を通じて、結果に影響を与える要因として研究者が措定する独立変数を十分に吟味した上で、今後多くの追試が行われる必要があることを主張します。

第4章「メタ分析の調整変数とアウトカムを測る従属変数」では、教育研究にとって意味のある調整変数を明らかにするためには、結果を測る従属変数の検討が不可欠であり、外国語教育研究においてはそれが不十分であることを論じます。言語形式に焦点を当てた文法指導の効果のメタ分析を例に、今後は、共通尺度の開発も含め、内的妥当性の高い一次研究の蓄積が求められることを主張します。

第5章「よいエビデンスを得るためのリサーチデザイン——外的妥当性・内的妥当性をいかに向上させるか」では、リサーチデザインの構成要素である「外的妥当性」と「内的妥当性」を具体的に解説します。エビデンスの質を担保する重要な条件の一つでありながら、英語教育研究者の理解が十分とは言えない実態があるからです。本章では、外的妥当性・内的妥当性の「ハウツー」的な高め方を提示することで、この点への啓蒙を行います。

　一次研究を行う際、実験研究であろうと調査研究であろうと、変数間の関係を検討できるリサーチデザインになっているか否かを検討する必要があります。第6章「リサーチデザインを問う——スタートラインで考えるべきこと」では、第5章で解説した外的妥当性・内的妥当性より手前の「スタートライン」について、研究の目的や先行研究のエビデンスの質、研究の実施方法の点から検討します。

　英語教育研究の問いは、学術的な理論構築を主たる目的とする問いに限られません。第7章「研究課題を問う——どういう問いを立てるのか」では、政策的意思決定や教育的意思決定に関する問いも重要であることを論じ、英語教育の教育実践・教育政策に関して意思決定をするための研究課題について検討し、英語教育関係学会専門誌などにおける研究課題の扱いについて検討を行います。

　第8章「測定モデルと共通変数を問う——PK-Test を事例に」では、英語教育に関する構成概念に目を向けます。その測定モデルや変数の氾濫がエビデンスの産出を阻む一要因となっている側面があるからです。文法の手続き的知識の測定具として開発された PK-Test（根岸・村越、2014）に着目し、その問題例・分析結果に基づいて、英語教育の質向上に資するエビデンスを創出するために、取り扱う構成概念に対する標準的測定モデルと、その測定に使用される共通変数の設定が必要であることを主張します。

　第9章「これからの英語教育研究のあり方を考えて」では、政策的意思決定や教育的意思決定に資する研究のために今後必要だと考えられることを、関連他分野研究者の協力やオープン・サイエンスの推進、学会運営などの観点から論じます。

　最後の補章には、第9章の補完の役割を兼ねて、著者全員が集まった「英語教育研究について微妙な話もしよう」と題するオンライン座談会を掲載しています。言語習得の心理言語学的なメカニズムを追究する研究に代表されるような、いわゆる基礎研究の立ち位置を皮切りに、英語教育研究を取り巻く様々な論点をそれぞれの視点から話し合っています。

　本書の制作にあたり、研究社の津田正氏には企画段階の相談から草稿へ

のコメント、校正作業に至るまで、多大なご助力をいただきました。本書は、中部地区英語教育学会 2016 年度課題別研究プロジェクト「英語教育における『エビデンス』：評価と活用」（2016 年〜2019 年）の成果報告として編まれたものであり、その意味で『はじめての英語教育研究』（浦野ほか、2016）の続編にあたります。著者は 3 人異なりますが、同書が、同じ中部地区英語教育学会の 2011 年度課題別研究プロジェクト「英語教育研究法の過去・現在・未来」（2011 年〜2014 年）の成果報告として刊行されたものであり、本書の元となったプロジェクト「英語教育における『エビデンス』：評価と活用」は、この研究プロジェクトの後継課題として提案・着手されたものだからです。当初はこの経緯と継続性が明確になるよう『つぎの英語教育研究』という仮のタイトルで企画されましたが、最終的には、内容に則してシンプルに『英語教育のエビデンス』となりました。実際、いずれの章の内容も『はじめての英語教育研究』を読まないと理解できないというわけではありませんが、第 1、6、補章に言及があるように、本書の理解を深めるために同書やそこに挙げられた参考文献も合わせて参照していただけると、英語教育研究の目的・内容・方法についての理解がより深められると思います。そうした経緯もあって、研究社から再び本書を刊行できたことがまずわれわれ著者にとっては嬉しい結実なのですが、私は何より、それぞれにクセの強い、このわがままな著者 6 人の原稿を読んでもらう編集者は津田さんしかいないと考えていました。本書の完成に時間はかかったとしても、それが実現したことを何より喜ばしく思っています。専門的で、決して理解しやすい内容でもない本書が読者のみなさんにとって読みやすいものとなっているとすれば、それはひとえに津田さんのおかげです。

　また、本書のもととなったプロジェクトを進めるにあたって、科学研究費補助金（16K13259、2016 年度〜2019 年度・挑戦的萌芽研究「英語教育におけるエビデンスの産出・活用モデルの構築」、研究代表者・亘理陽一）の助成を受けました。中部地区英語教育学会のプロジェクトは終了しましたが、この研究課題は引き続き本書のメンバーでの別の科学研究費補助金（20H01280、2020年度〜2023 年度・基盤研究（B）「成果変数の規格化による英語教育研究の体系化と政策的エビデンスの創出」、研究代表者・亘理陽一）の助成を受けており、新

型コロナウイルスの影響で当初の予定通りの進行とは行かなくなったものの、第8章で述べた方向性での研究を進めています。その意味で本書は、具体性のまだ乏しい部分や議論の偏り・不足も散見されるかもしれませんが、われわれのプロジェクトの「中間報告」でもあります。今後、本書の要求を満たす研究をわれわれ自身も具体化し、提言を形にしていかねばなりません。学会等を通じて、本書の感想と合わせ、多くの方のご意見・ご批正をいただければ幸いです。

執筆者を代表して

亘 理 陽 一

目　　次

補　章

第1章

英語教育研究の新たな原則
——エビデンスについて考える前に

戦後、日本の英語教育研究は科学的と言われる研究方法論を採用し、多様な研究成果を蓄積してきました。一方、「科学的に証明された効果的な指導法」の類が世に溢れても、日本の英語教育はいっこうに成果が上がらないとの批判も続いています。本章は、従来の科学志向の研究に根ざす論理的問題点を具体例とともに指摘していきます。これらの問題点を踏まえると、「意思決定」と「選択」という観点こそが、英語教育研究における新たな原則の一つになり得ることを主張します。

1. はじめに——効果と科学の形骸化

　新聞、テレビや SNS において英語教育の話題になると、「効果がない」とコメントされることがとても多いと思ったことはありませんか。このような英語教育全体の効果を疑う言説は、なにも現在に限ったことではありません。少なくとも戦前から存在しており、日本という地域に限ったことでもありません。つまり、現在という時代や日本という地域に固有なわけではなく、むしろ比較的ありふれた言説[1] です。

　しかし、一般社会の言説に限らず、英語教育研究にも効果に関わる表現は頻繁に現れます。たとえば、国内の英語教育研究における主要な学術誌の一つである *Annual Review of English Language Education in Japan*（略称 *ARELE*, 全国英語教育学会発行）掲載論文の内、毎年およそ 20% 程度の論文が effect, effects, effective といった表現をタイトル内に使用します。なぜこれだけ効果に関する研究を積み重ねても、「効果がない」と社会に評されるのでしょうか。

　日本の英語教育が「科学的でない」という話もお馴染みの言説です。しかし、実際には、日本の英語教育研究は長年にわたって「科学たるべし」と努力し続けてきました。より具体的には、1990 年代後半[2] 以降、応用言語学や第二言語習得と呼ばれる新興分野の輸入に努めました。これらの分野は自然科学を志向する特徴を持っており、統計的帰無仮説検定に代表される現代的な方法論を取り入れました。そして、この現代的な方法論を駆使し、数多くの指導法の効果検証が蓄積されました。

　この動きもあってか、2000 年前後頃から「効果的な学習法」、「科学的な指導法」、「科学的に効果が実証された」といった表現が多用されるようになりました。現在に至るまでに、効果的、科学的といった表現は、一般向けの

---

[1] 日本の英語教育言説に関しては、寺沢(2015b)、久保田(2018)などを参照のこと。
[2] 実際には 1970 年代から、英語教育における学問化運動の中で、英語教育研究を自然科学に位置づけようとする議論がなされてきました。しかし、実際に現在科学的だとされるような方法論が広く国内に根づいたのはこの時期だと考えられています。

書籍のタイトル[3]、学会や講演会のテーマにまで浸透し、その結果として、科学的かつ効果的とされる指導法の類は世間に溢れました。しかし、そうした状況にあっても、英語教育研究が具体的な教育政策の決定過程に多大な貢献をしたわけでもなければ、その学問的地位を高めたわけでもなく、むしろ、現在においてもその研究の専門性について疑いを持たれることが少なくありません。科学を志向したことは、結果として英語教育研究に何をもたらしたのでしょうか。

科学志向自体を批判したいわけではなく、むしろ、この動きは英語教育研究の歴史において、極めて重要な一局面であったと考えられます。しかし、少なくとも筆者は、効果や科学といった表現の多用がすでに常軌を逸した水準にあると考えています。おそらく、効果や科学といった語をタイトルに使えば、書籍としてより大きな売行きが見込まれるといった事情もあるのでしょう。

このことに関して、効果や科学という言葉は、すでに本来の意味を失い、もはや、英語教育に関して心を擽る訴求語[4]に成り下がったのではないか、というのが本章における主張の起点です。本章は、この主張を**効果と科学の形骸化**と呼びます。すなわち、**科学的方法**を導入し、**効果検証**を積み重ねる過程において、効果や科学は心理的ニーズを満たすだけの無意味な表現になったということです。そもそも「効果とは何か」、「科学的とはどのようなことか」といった議論をいっこうに置き去りにして、「効果がありさえすればよい」、「科学的でありさえすればよい」とする現在の皮相な風潮に警鐘を鳴らしたいと考えています。

さて、本章は本書全体を通した主要テーマである**エビデンスに基づく英語教育**(evidence-based English education; **EBEE**)という枠組みを学ぶ事前段階として、従来型の科学志向的な英語教育研究に内在する**論理的問題**に焦点

---

[3] たとえば、一般向けの新書として刊行された『外国語学習の科学』(白井、2008)などがこのような科学的アプローチを一般化する動きの代表として挙げられるでしょう。

[4] 訴求とは、一般に消費者の購買意欲を増加させることを指します。ここでは、財の消費に限らず、「ある授業活動をしたい」、「この授業がよいと思う」といった心理的機能の総称を表します。消費者に「おいしそうだ」と思わせる広告は、商品の品質を向上させずに、つまり味を変えずに需要を増加させる機能を持っているわけです。

を当てます。EBEE は、科学志向の英語教育研究との対比によって、より正確に理解できると考えているからです。

2. 論理的問題

ここからは、現在の英語教育研究に内在する、効果と科学の形骸化を招いた 6 つの論理的問題を取り上げます。それぞれが独立した問題ではなく、むしろ密接な関係を持つものです。本章が取り上げる論理的問題は以下のとおりです。

1) 公理の不在
2) 量化不足による循環論
3) 余計、挿入、放置
4) 言い換えと共約不可能性
5) 方法論の非順序関係
6) 検証の非対称性

それでは順番に見ていきましょう。

2.1 公理の不在

最初は**公理の不在**であり、これが根源的な問題です。「そもそも、科学を標榜する英語教育研究が依って立つべき確固たる土台が成立しえなかった」ということです。

この問題に入る前に、論理推論の形式についておさらいします。科学的方法もその定義自体が多様ですが、一般的には、論理的推論に特徴づけられます。典型的には、**演繹**が中心的な役割を果たします。説明をわかりやすくするために、演繹の代表である三段論法を取り上げます。英語教育研究においても三段論法を使った論理展開が非常によく見られます。たとえば、

大前提：インプットは言語習得を促す。
小前提：処遇 a はインプットである。
結　論：よって、処遇 a は言語習得を促す。

といったように形式化されます。これは、三段論法の例としてよく知られる、

大前提： すべての人間は死ぬ。
小前提： ソクラテスは人間である。
結　論： よって、ソクラテスは死ぬ。

といった題材と論理形式としては同じです。演繹の形式としてこの推論に問題はありません。下の例においてソクラテスが死ぬのと同じように、上の例でも処遇 a は言語習得を促すと言えるでしょう。

　しかし、科学的方法は演繹に留まりません。なんらかの操作的手順を伴って、処遇 a が言語習得を促すことの検証を試みる場合があります。論理によって導かれた命題を仮説として、それを検証するのですから、**仮説検証**と呼びます。

　このような仮説検証は、科学志向の英語教育研究を代表する主要な研究スタイルになりました。もちろん、科学的方法は演繹と検証だけで完結するわけではなく、個々の事例から規則について推論する**帰納**[5]、さらに結論と規則から前提について推論する**アブダクション**[6] も重要です。科学志向の英語教育研究では、このような論理を駆使して、どのような命題が真であるか、または偽であるかを「科学」という名のふるいにかけていくわけです。

　さて、ここで最初の質問があります。

質問1
　ある実験の結果によって、「処遇 a は言語習得を促す」という命題が偽だとされたとします。ここで、あなたはこの結果をどのように解釈しますか？

（a）　インプットは言語習得を促さない
（b）　処遇 a はインプットではない

---

[5]　ある条件 a に結果 b が伴う例を数例観察し、このことから、「a ならば b である」という規則があると推論すれば、これは帰納ということになります。ただし、有限の数の個別例からの推論であるため、帰納は一般的な正しさを必ずしも保証しません。

[6]　結果 b および規則「a ならば b である」があるという想定から、条件 a について推論することをアブダクションと言います。a は結果 b の必要条件であっても十分条件ではありませんから、アブダクションも正しさを必ずしも保証しません。

> (c) インプットは言語習得を促さない、かつ、処遇 a はインプットでは
>   ない
> (d) 検証結果、または検証の仕方が間違っている
> (e) 本質的にはわからない

　ここに本章が最初に取り上げたい問題があります。それは上記のいずれ
かに解釈を一意的に定められないことです。「処遇 a は言語習得を促す」と
いう命題が偽であっても、このことから前提のそれぞれについては推論でき
ません。つまり、結果が間違っているか、または、特定の前提や前提の組合
せのいずれかが間違っているかどうかがわかりません。

　思い起こせば、「インプットは言語習得を促す」なる主張についても、第
二言語習得においてインプット仮説と呼ばれており、依然として仮説として
扱われます。原理、原則、ましてや**公理**ではありません。ここでの公理とい
うのは、ある命題を導き出すために、それ自身を疑うことはないように定め
た前提、または約束です。公理自体が正しいという保証はなくとも、前提自
体が偽である場合を議論から除くよう約束された、一種の土台が公理です。
そしてその土台に成立する派生的な命題からなる体系を、**公理系**と呼びま
す。

　「インプットが言語習得を促す」なる前提が、仮説ではなく、インプット
公理として扱えるのならば、もはや、この前提の真偽自体について疑う必要
がありません。小前提も十分に確からしいのであれば、そもそも仮説検証を
する必要がなく、演繹のみによって正しい結論を得ることができます。つま
り、仮にこれが公理ならば、「ある処遇がインプットであるかどうか」の吟
味だけによって、言語習得を促す活動の体系的網羅が可能です。これは「イ
ンプットが言語習得を促す」という確固たる土台に成立する、インプット公
理系と呼んで差し支えないでしょう。このことによって、上の例では、(a)
と(c)の解釈を除外できます。

　しかし、残念ながらインプット仮説が現に公理として見なされないように、
応用分野としての特徴を多く備える英語教育研究では、最も基礎的な前提、
それ自身を疑う必要がない命題を見出すことは困難です。そのため、現在の

英語教育研究は、整理がつかないほどに溢れかえった仮説群と、指数的に増加するそれらの整合性を複雑に勘案しなければならない状況です。

そして、このような状況下において、公理を機能的に代行するものは、しばしば権威です。「権威のある研究者が提唱した理論は疑えない」、「有名な学術誌に掲載されたので間違いない」、「高校教員の報告よりも、大学教員の報告を信じる」、「日本人より海外の研究者のほうが正しいだろう」といった具合です。特定の公理を共有しないのですから、何らかの確固たる根拠を求めて、このような権威につい頼ってしまう、という状況はある意味で必然的な帰結なのです。同じく、山中 (2019) も応用言語学を英語教育研究の隣接分野とした上で、応用言語学におけるグラウンドセオリーの不在を指摘しています。

2.2　量化不足による循環論

公理の不在は、別の問題へと派生します。

まず、このような架空のエピソードを考えてください。タスクと言われる授業活動は、科学的に効果が高い方法として喧伝されることがあります。そこで、タスクを専門にする研究者が、ある教師からこういった質問を受けたとします。「先生、私の授業はタスクだと言えますか？」。研究者は、こう答えました。「タスクだと言えます」。そうすると、さらにこう返ってきました。「実際に効果が上がらないから、てっきり私がしてきた授業はタスクじゃないのだと思っていました」。

質問 2

　あなたは、このシナリオにおいて、「私がしてきた授業」がタスクだと言えると思いますか？

(a)　効果がないのだからタスクではない

(b)　タスクだと言えるが、効果がない場合もありえる

(c)　わからない

この例も、先ほどの三段論法の要領によって、

大前提：タスクは効果的である。
小前提：私の授業をタスクに変えた。
結　論：よって、私の授業は効果的になった。

という推論が前提になっています。そして、「効果が上がらない」という観察によって結論が否定されたことから、質問2では大前提ではなく、小前提を疑っています。さらに、この推論における大前提を、「すべてのタスクは効果的である」というように読んでいます。

　論理に沿って考えるとき、命題の主語に「すべての〜」という表現が付くか、「ある〜」という表現が付くかどうか[7]には気をつけるべきです。大前提を「すべてのタスクは効果的である」という意味だとしましょう。しかし、本当に「すべてのタスクは効果的である」のならば、「効果がないものはタスクではない」[8]ことも含意されるわけですから、質問2に対しては(a)の解答しかないことになります。

　加えて、枚挙的帰納によって「すべてのタスクは効果的である」といったことを強く主張できない[9]ことにも注意すべきです。処遇aは効果的であった、処遇bも効果的であった...とどれだけ効果的であったタスクの事例を枚挙し続けても、たとえそれが正当な査読を経た論文であっても、すべてのタスクが効果的であることを厳密には検証できません。たった1つの反例によって「すべてのタスクは効果的である」ことは否定されるからです。

　ここまでの議論によって、以下のような形式によって行われる英語教育の効果に関する議論は、ときに不毛であることがわかります。

---

[7] このように、命題に含まれる主語の適用範囲を指定することを量化と言います。量化を扱う論理形式の一つは、一階述語論理と呼ばれます。

[8] 厳密に言えば、この言い方は曖昧で、「ある効果がないものがあって、それはタスクではない」がより正確となります。

[9] たとえば、「すべてのカラスは黒い」という命題を検証するときに、1羽のカラスが黒いことを確認するだけでは保証が持てません。もう1羽黒いカラスを足しても同じことで、どんなに数を増やしても「すべて」には到達しません。

・PならばQである。
・Pである。
・よって、Qである。

　Pには、処遇とそれを一般化したカテゴリーが入り、Qは「効果的である」、「言語習得を促す」といった性質を示すとします。すなわち、ある具体的な処遇が、ある処遇のカテゴリーに属することを認め、その一般化したカテゴリーは効果的である、または言語習得を促すと考えるわけです。

　論理的に言うと、このような形式は**モーダスポネンス**(modus ponens)[10] の一種です。前件肯定の論証とも呼ばれます。「科学的な指導法であれば効果的である。私の授業は科学的である。よって私の授業は効果的である」といった議論もこの論理形式によります。

　このモーダスポネンスが不毛になるのは、任意の処遇aが、あるカテゴリーの要素であることを認めることが実質的に困難なときです。ある具体的な行動や処遇が、ある指導法や教授法に属する、または属さないという判定は容易にはできません。指導法や教授法の多くは、ある種の規範や典型例を示しているのであって、授業に関する判定基準を明確には示しているわけではないのです。そうであれば、一つの授業が複数のカテゴリーに同時に属する場合も考えられます。私の授業は、アクティブ・ラーニングであり、タスクであり、問題解決型授業であり、体験型授業であり、協同学習であり、学び合いであり...といったような場合もあります。私の授業が効果的であったとき、効果がある指導法は以上のうちのどれだと判断できるでしょうか。

　一見するとモーダスポネンスにおける大前提は、科学が求める一般化可能性を担うと期待されます。しかし、実質的には任意の処遇が大前提におけるカテゴリーの要素であることを検証することは、極めて難しいのです。複雑極まりない処遇や学習行動等の厳密なプロトコル化手順について、先に検討しなければなりません。

---

[10] 論理式を使うと、$((P \rightarrow Q) \wedge P) \vdash Q$ となります。

2.3　余計、挿入、放置

モーダスポネンスには発展型があります。その発展型も英語教育研究において頻繁に見られる論理です。たとえば、

- ・不安が低ければ、子どもは流暢に発話をする。
- ・処遇 a をしたならば、子どもの不安は下がる。
- ・処遇 a を行った。
- ・よって、子どもは流暢に発話をする。

といった論理です。これは**多重モーダスポネンス** (multiple modus ponens)[11] と呼ばれるもので、以下のような形式を取ります。

- ・P ならば Q である。
- ・Q ならば R である。
- ・P である。
- ・よって、R である。

大前提を反復することによって、モーダスポネンスが多重化している形式です。さて、ここで質問があります。

質問 3

　上の例において、「処遇 a を行ったときに子どもが流暢に発話すること」が確かだとしたとき、あなたは「処遇 a が不安を下げること」と「不安が低ければ流暢な発話をすること」を重要だと思いますか?

- (a)　重要
- (b)　重要ではない
- (c)　目的による

　ここで、命題 P，Q，R のすべてが真なら、「P ならば R」に**論理縮約**ができます。上記の例であれば、Q の「子どもの不安が低い」ことに立ち入らなくても、P の「処遇 a を行うこと」の論理的な帰結として、R の「流暢

---

[11] これも同じように論理式で書くと、$((P \rightarrow Q) \wedge (Q \rightarrow R) \wedge P) \vdash R$ となります。

な発話をする」ことがわかるはずです。一般に論理縮約が可能な部分は、**作用機序**[12] として機能的に理論化され、科学的な探求として評価されています[13]。

しかし、論理縮約が可能であるとすると、以下のような問題が疑問になります。それは、中間的な命題を設定することが、そもそも私たちにとって重要であるかどうかということです。たとえば「私が行ったことは効果的である」という直接的な命題で済むのならば、つまり、中間命題を介さずとも検証が可能ならば、中間命題はそもそも**余計**です。たとえば、「P ならば Q」かつ「Q ならば R」でなくとも、「P ならば R」があくまでも成立するなら、任意の命題、「P ならば S」と「S ならば R」でも構いませんし、そもそも Q や S の真偽は問いません。

一方、多重モーダスポネンスが機能する場合は、中間命題について、(a) その真偽が既知、(b) 非中間的命題よりも確からしい、(c) 結論よりも個々に検証しやすい、といったときです。たとえば、「不安の低さが流暢さを促進する」が公理であり、さらに流暢さに関する測定よりも、不安の測定のほうが正確であり、かつ低コストであれば、有効な手立てになります。

具体的な例を続けます。医療を題材として、「新薬 a は血圧を下げる」かつ「高血圧は合併症のリスクを高める」のであったなら、新薬投与後の血圧測定は、長期的な合併症のリスクに関する疫学統計よりもはるかに容易であり、高血圧のリスクに関する疫学もほぼ既知だと言えます。しかし、測定手順が規格化されている血圧ではなくて、素朴な自然言語的カテゴリーや、心理学的な、または神経科学的な中間命題を多く含む英語教育研究では機能しません。

さらに、中間命題が検証困難であれば、研究者は、探索的な推論によって未検証の中間命題を複数**挿入**します（図 1–1）。たとえば、

---

[12] 英語教育の分野において広く使用される用語ではありませんが、「効果のメカニズム」のことを示します。

[13] 特に、英語教育に関する人間の行動、心理、社会、文化、経済や政治について、機械論や決定論的な因果連鎖に還元する態度は、現在において根強い一つの見方です。たとえば、頻繁に使用される「言語習得メカニズム」は、まさにメカニズムというわけですから、語源的に見ても機械論的態度がそこに見られます。

・条件 A は作用 B を引き起こす。

・作用 B は作用 C を引き起こす。

・作用 C は作用 D を引き起こす。

・作用 D は作用 E を引き起こす。

・作用 E によって、言語習得が促される。

・条件 A を与えた。

・よって言語習得が促される。

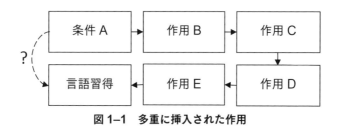

図 1–1　多重に挿入された作用

といった具合です。同様に、これらもまとめて論理縮約できないかという疑問が生まれます。さらに、あまりに多数挿入された命題は全体としての検証可能性を下げていきます。検証が困難になると、研究資源には限界がありますから、残りは**放置**される理屈です。たとえば「条件 A は作用 B を引き起こすこと」、「作用 B が作用 C を引き起こすこと」までを検証したが、それ以降は検証しないままといった場合が起きるということです。

　挿入され、そして放置されている命題は英語教育研究に溢れていると言えるでしょう。この状況は、ある一つの論理縮約された帰結に至る理論が、無数に並立することにも繋がります。

　科学では、しばしば還元主義的に、心理学的概念は神経科学に、神経科学は化学に、化学は物理学に還元されて記述されることがあります。これらの任意のレベルの作用機序は常に並立可能です。たとえば、授業中に英語を話すことを嫌がる生徒の様子は、不安や緊張といった心理学的概念を使って説明できるかもしれません。しかし、その不安や緊張といった概念も脳の活動状態、または交感神経や副交感神経の作用として記述できるかもしれません。このとき、不安や緊張という心理学的概念も、脳活動も、神経系もどれ

も作用機序としての説明にはなります。では、私たちは心理学的な説明、神経科学的な説明、化学的な説明、そして素粒子論による説明のどれを英語教育研究における正当と見なせばよいのでしょうか。英語教育研究に関しても現象論的範囲[14] を定めなければ、いずれ、素粒子英語教育研究が生まれるかもしれません。

2.4 言い換えと共約不可能性

さらなる問題点があります。それは**言い換え**です。

質問 4
　同じようなことを示すために、複数の専門用語や理論がたくさんあって、その整理に追われたことはないでしょうか。言い換えられた表現をめぐって、議論が進まなかったことはありませんか。

　一定の公理を認めない限り、複数の異なる前提をもつ研究者グループが、並立する公理から、それぞれ派生的な命題を導出するかもしれません（図1–2）。たとえば、インプット仮説を前提として、そこから複数の知見を導出している研究者グループと、インプット仮説を前提とせず、異なる仮説を前提とする研究者グループがいると考えてみましょう。

図 1–2　複数の前提からそれぞれ派生する命題

　異なる系が存在すること自体は問題ではありませんし、歴史的な背景を尊重することも重要です。しかし、どのような前提を信じても、結局は英語教育という同じような現象を対象としている限り、異なる前提から独立で導

---

[14] 現象論的範囲とは、それ以下のレベルに還元せずとも説明が成立する範囲を示します。たとえば、音素論は、音素を物理現象である空気の振動に還元せずとも成立します。さらに応用行動分析は、筋肉の収縮を考慮しないどころか、心理的構成概念を考慮せずに成立しており、一定の成果が認められています。これらは現象論的範囲を明確にしている例だと言えます。

かれた複数の命題、たとえば命題 1a と命題 2a が実質的に一致する場合があります。一致したなら、これらは単に言い換えだと見なせるでしょう。

　さらに、ある 2 つの知見の同質性を判定することが難しい場合もあります。非常に似たような専門用語を使っていても、それらを同じと見なしていいかどうかに確証が取れなければ、知見を統合することは困難になります。そのような研究の知見がバラバラになり、収拾が取れなくなる状況を**共約不可能性**と呼びます。英語教育に関する専門用語や、「科学的に正しいとされること」の数は爆発的に増加しています。全体像の把握が困難になればなるほど、知見が忘却される期間が短くなります。そうすると同じことが繰り返し再発見され、また新たな名称がつけられます。

　そもそも、英語教育研究にはこのような言い換えを招きやすい状況が内在しています。物理学などを想定すればわかるとおり、公理は厳密に、ほとんどの場合は数式によって形式化されます。形式的なものは確かに理解しにくいですが、言い換えや誤解釈による意味の変質を防止できます。一方、英語教育研究は、概念の定義に素朴な自然言語を多用するため、言い換えや変質がとても起きやすいのです。また、前節の多重モーダスポネンスにあるような、挿入された中間命題も言い換えの格好の標的になりやすいでしょう。

　やや比喩的に言って、公理の不在から始まり、量化不足、余計、挿入、放置、言い換えといったこれまでの論理的問題が組み合わさり、英語教育研究が様々な方向に拡散化する結果に至ったと考えます。応用言語学研究における拡散傾向も以前より指摘されています (e.g., Grabe, 2010; McKinley & Rose, 2016; Kaplan & Grabe, 2000)。

　なぜ、このような拡散を食い止めることができなかったか。それは拡散を止める力を失わせる論理的問題もあったからだと考えます。以下にその残りの問題点を紹介します。

2.5　方法論の非順序関係

　ここでは、任意の異なる方法によって検証された命題の真偽が分かれる例を考えます。しばしば、これは mixed results などと呼ばれます。たとえば、以下の場合はどうでしょうか。

質問 5
「リフレクションが学習を促す」という命題を検証するとします。そこで、先行研究を調べてみると、「量的研究では偽」だけれども「質的研究では真」だと主張する結果が多いことに気づいたとします。あなたは、この状況をどう思いますか？

  (a) 量的研究で偽ならば、「リフレクションが学習を促す」は偽
  (b) 質的研究で真ならば、「リフレクションが学習を促す」は真
  (c) 現状で真偽はわからない

　研究方法に決まった順序関係がある場合、解決は簡単です。「量的研究よりも質的研究のほうが確からしい」という順序関係が認められるなら、量的研究の結果を黙殺し、質的研究の結果を採用すればよいのです。このように、方法論自体に順序関係を認めることは、一貫した解釈の源泉となり、それが研究効率と社会への還元の度合いを高めます。エビデンスという考え方自体が、基本的にはこの考え方を持っています。
　英語教育研究において重宝された「科学的」という表現も、機能的には、このような方法論の順序関係を示すものだったと考えられます。方法論には、科学的方法と非科学的方法があり、科学的方法は非科学的方法に優越すると考えられたのでしょう。しかし、何が科学的であり、そして何が非科学的であるといった基準ですら、これまでの英語教育研究では曖昧なままでした。いずれにせよ、方法論に関する合意が得られない限り、今度は方法論をめぐる権威主義的な争いが発生します。その争い自体もまた、まさに共約不可能性を表します。
　さらに、方法論と理論の間にも順序関係が求められます。公理の不在について述べたように、仮説検証の結果が、ある演繹された命題の主張に反したとき、検証が偽なのか、論理が偽なのかという問題が起こります。たとえば、「実験結果が既知の理論に反したが、権威ある研究者によって提唱された理論が間違っているはずがないため、私の方法が間違っている、またはこの実験結果は偶然この理論とミスマッチである」といった言明は英語教育研

究では珍しくありません。

2.6 検証の非対称性

最後は、**統計改革**の運動によって、英語教育研究においても認識されるようになった[15] ことですが、従来の英語教育研究が使用してきた統計的帰無仮説検定についてです。

統計的帰無仮説検定の結果は、研究上の研究仮説の真偽に対応づけられます。たとえば、群間における平均差の検定が有意であれば、研究仮説「言語習得を促す」は真であるといった具合です。しかし、次のようなケースはどうでしょうか。

質問6

ある指導法の効果を検証するために、事前の成績が同等なグループＡ、グループＢの被験者にそれぞれ異なる処遇を施し、処遇の事後に成績の平均点を比較しました。その成績差は統計的に有意ではありませんでした。この結果からどのようなことが主張できますか。

(a) ２つの処遇の効果は同等である
(b) 処遇への効果に関して主張できることはない

解答は(b)です。統計的帰無仮説検定において非有意であることが、検証する命題が偽であることを保証しません。これを**検証の非対称性**と呼びます。つまり、統計的帰無仮説検定は、設計的に否定根拠を示しづらいのです。たとえば、任意の処遇によって層化した群間比較実験の結果が非有意であるこ

---

[15] 統計改革の内容に関する和文文献では、大久保・岡田(2012)などがあります。日本の英語教育研究では、水本・竹内(2008)などによって、統計改革への舵取りがなされています。また、統計的帰無仮説検定の使用について、過去の論文誌などを対象とした事例分析も報告されています(e.g., Mizumoto, Urano & Maeda, 2014; 草薙・水本・竹内、2015)。欧米の応用言語学分野でも、同様の事例分析が報告されています(Plonsky, 2013, 2014; Plonsky & Gass, 2011)。一方、統計改革後に見られるようになった、効果量に対する過度の依拠に対する批判もなされていることにも注意が必要です(草薙、2015; 亘理、2014)。

とは、当該の処遇に効果がないことを含意しません。この検証の非対称性によって、有意差を伴って報告された既存の主張は否定されないため、結果として無数の効果的な指導法が溢れることになります。

さらに、**出版バイアス**[16]とも無関係ではありません。現在では、統計改革に伴う様々な措置や、第3章や第4章にて扱うメタ分析などによって、この問題に取り組むこともありますが、これも十分には普及してはおらず、英語教育研究にメタ分析を応用することは容易ではありません。

さて、これらの論理的問題点を簡潔にまとめると、「自然科学的なアプローチは、私たちが研究対象とする英語教育という現象にミスマッチであった」ということに尽きるでしょう。基礎分野ではなく応用分野である英語教育研究では、自然科学の論理的推論が本質的に機能しづらいのです。

そのため、科学的真偽、そしてそれに支えられる効果といった概念自体が極めて曖昧化してしまい、英語教育研究は強い政治性と経済性に徐々に影響されることになりました。権威や心理的訴求性と結びついたのも、そのせいであると考えられますし、逆に権威や心理的訴求性による新しい種類の秩序の形成に貢献してきたと言えるでしょう。これが、効果と科学の形骸化と呼ぶ問題のあらましです。本書は、EBEE を主軸に捉えながら、この状況を打開したいという意識によって書かれています。

3. 新しい解釈の原則

3.1 科学的真偽から私たちの意思決定へ

さて、これまでに述べてきた論理的問題点を回避するための方針について考えます。本章が提案する方針は、様々な知見の根底をなす見方の一つにすぎませんが、本書における以降の章を読むためにも、有益な視点だと思います。

---

[16] 統計的帰無仮説検定において非有意であるといった結果を報告する論文は、現状の査読プロセスにおいては掲載されにくいというバイアスです。英語教育においても、これは重大な問題として認識するべき問題だと考えられます。

　第一に、得てして権威や心理的訴求性に結びつきやすい科学的真偽を、英語教育研究の絶対的な基礎に捉えないことです。その代わりに、英語教育研究の基礎付けを、**私たちが現実世界において意思決定をすること**に置くべきだと考えます。

　つまり、この世界の規則として、ある指導法が効果的であるという普遍的性質をもつとか、それが科学的に証明され、必ず再現されるといったような考え方とは十分に距離を取り、英語教育の基礎を**意思決定**、**選択**という観点から多角的に捉え直します。この観点は、人文社会科学において特別な態度ではなく、人文社会科学に属する応用分野や、政治学、経済学などと共通部分があります。エビデンス、そして EBEE の根底には、この意思決定という視座があるのです。

　そこで今度は、本章がここまで批判してきたアプローチを**科学的真偽のアプローチ**とし、本章が提案するアプローチを**意思決定のアプローチ**と呼びましょう。これらのアプローチを対比すると表 1–1 のようになります。研究対象、研究のゴールを中心として、異なる視点を持っていることがわかります。

	科学的真偽のアプローチ	意思決定のアプローチ
研究対象	世界	行為者と社会
研究のゴール	真実の解明、一般性、普遍性	問題解決、善さ、効用
基礎／応用	基礎科学的	応用的
類似分野	自然科学	政治学、経済学、工学

表 1–1　科学的真偽のアプローチと意思決定のアプローチ

　教育研究の歴史を見ても、このようなアプローチの区別についての議論がまったく存在しなかったわけではありません。最も広く知られている区別は、約 50 年ほど前に Cronbach and Suppes (1969) によって提案された結論志向の研究 (conclusion-oriented study) と決定志向の研究 (decision-oriented study)[17] の区別です。本書が科学的真偽のアプローチや意思決定のアプロー

---

[17] Cronbach and Suppes によるこの区別も起源であるとは限りません。1950 年代、北米の統計学者である John Tukey が統計学の使用法について述べた表現が起源であるという考えもあ

チと呼ぶ区別も、概念的にはこの区別に準じる[18]と言えるでしょう。

日本の英語教育研究においても、このような研究の視点に関する議論は、かなり前から存在しています。たとえば、松川(1976)は、Cronbach and Suppes(1969)による区別を紹介した上で、当時の英語教育研究の状況についてこのように述べています。

> まず英語教育の研究とは、専ら conclusion-oriented なものとのみ考えられてきたかのように思われる。そして、その上で、今回の討論会の課題でもあるように、「科学的アプローチとは何か」という議論がされてきた。無論英語教育研究を学として実証的・科学的なものにしていこうとする方向は正当なものである。しかし、そのような方向を研究で積み重ねていけば、教育現場での決定に役立つ研究が自動的にできあがると考えるのは少々楽観的に思われる。
>
> 松川(1976, p. 101)

つまり、1970年代の英語教育研究においても、本章が批判的に言及した状況が、すでに主流として存在していたと言えます。

本章では、松川による「教育現場での決定に役立つ研究が自動的にできあがる」という考えへの批判に加えて、当時から存在していた科学的真偽のアプローチ(松川によると conclusion-oriented なもの)が、現在に至って権威や心理的訴求性に結びつき形骸化したのは自然科学的な論理が適切に機能しないからだ、と主張してきたわけです。

3.2 選　択

意思決定のアプローチが依拠するものは、そもそも選択とはどういうこ

るようです(Jackson, 1990)。

18 本書が Cronbach and Suppes の用語を直接使用しない理由は、類似の区別が無数にあることと、1960年代の北米の教育研究において、この区別に含まれた目的意識が、必ずしも本書の論に沿うとは限らないからです。たとえば、Cronbach and Suppes(1969)は、教育研究における結論志向の研究を擁護する論調です。この区別に関する後の論考として Jackson(1990)は、Cronbach and Suppes は、政策決定者や特定のスポンサーといった外的な圧力から、個々の研究者の関心が独立的であることや、研究支援を受けない研究者を擁護する目的があったとしています。本章は、このような研究者の自由および研究資金のジレンマをめぐる背景については議論の対象にしていません。結論志向の研究においては、自然科学的な命題論理が適切に機能せず、逆に弊害があるということを端的に述べることが本書の目的です。

とか、ということに関する厳密な見方です。つまり、意思決定のアプローチは、個別事例に対して「〜するべきだ」であるといった知識の集合体であるというよりも、意思決定という行為についての確固たる理解をスタート地点とします。ここからはやや専門的で難しくなりますが、選択という視点(e.g., 中村・富山、1998；Sen, 2017；神取、2014；佐伯、1980；松原、1977)によって、意思決定のアプローチによる英語教育研究をどのように整理できるかについて考えます。ここでは、可読性を優先して数式や記号の類を省略しています。

第一に、選択の種類として、選択の主体に応じた**個人的選択**と**社会的選択**の区別があります。英語教育に関する選択は、個人の学習者や教師といったレベルもあれば、教室における生徒のペア、職員室の英語科、または国家といった社会的レベルも包含されます。後者は**公共選択**とも言えるでしょう。個人的選択と社会的選択は、ともに経済学や政治学の一翼を担うものであり、人文社会科学において広範に使用されている概念です。公共選択の問題は、実証政治学や厚生経済学の重要なテーマです。

実証政治学や厚生経済学などの知見を援用するからといって、従来の教育研究との互換性を失うものではありません。たとえば、通時的に典型的な研究対象である学習行動は個人的選択の問題であるとも捉えられますし、言語教育政策はまさに公共選択と言えるでしょう。重要なことは、私たちの研究の視点を、抽象的な世界ではなく、個人やある集団まで具体化することで、個人の学習行動から政策レベルの事象までを、いずれも選択の範疇であり、選択をする主体が異なるだけの連続体として見なすことができるということです。世界の規則というよりは、個人、または集団といった**選択主体**を最初に考えます。

もちろん、学習者、教師、そして政策決定者がどのように選択をするかについて記述する**記述的アプローチ**もあれば、よりよい選択の仕方を設計する**規範的アプローチ**もあり得ます。

次に、選択主体が、ある条件下において選択しうる選択肢の集合があるとします。これを**選択肢集合**と呼びます。たとえば、ある教師がある状況下

で、処遇 a、処遇 b、処遇 c の 3 つを選択肢として持っていると考えます。典型的には、ある種の施策、行動、そして処遇などが選択肢集合をなします。

ここで、選択肢集合においてある部分集合を指定するとき、これを**選択**と言います。たとえば、処遇 a、処遇 b、処遇 c の中からその部分集合でもある処遇 a を指定したなら、これは処遇 a を選ぶという一つの選択だというわけです。選択肢の集まり全体から特定の選択肢に決める、ということです。

このような選択は無秩序に行われるものではなくて、ある一定の規則に基づいている、または規範的にそうであるべきだと考えられます。そのような一定の規則を、**選択機構**とします。選択機構を簡単に言えば、決め方のことです。「一番よいものを選ぶ」のも「選択肢の中でも平均的なよさのものを選ぶ」のも、それぞれが選択機構の一つだと言えます。

選択機構は上記のように決め方自体のことですから、選択肢についての具体的な情報をまったく含みません。「一番よいものを選ぶ」という規則は、「どの選択肢がよいか」といった情報とは別物です。「一番よいものを選ぶ」といっても、「何がよいか」の情報がなければなりません。この「何がよいか」といった情報に当たるものを、専門的には**選好構造**と呼びます。

選好とは、「処遇 a は処遇 b よりもよい」、「処遇 a は処遇 c よりもよい」といった選択肢間の二項関係の網羅的な集まりを示します。たとえば「処遇 a が処遇 b よりも同等以上によい」としたとき「処遇 a は処遇 b よりも選好される」と表現します。この選好構造という概念は、ミクロ経済学、行動経済学、そしてゲーム理論といった分野で非常に活発に使用されます。

選好構造自体は、先ほど述べた「よさ」のようなもの、つまり私たちがもつ個々の選択肢に対応する評価や価値に由来します。このような価値のことを、ミクロ経済学などでは、**効用**と呼びます。効用に基づいて選好構造を与えるものを**選好生成機構**とします。

選好生成機構の典型は、選択した結果に対応するなんらかの事前情報や、過去のデータに基づく将来の予測です。たとえば、ある処遇を施したときに、あるテストで平均値が X 点伸びるといった予測をイメージしましょう。こ

のような予測は、現実そのものではなく一種の人工的なモデルです。この現実世界に近似するモデルによって得られた選好構造から、「最も選好される選択肢を選ぶ」というのが選択機構の一つの典型例です。

　これに加え、社会的選択の場合では、多数決がよく知られるように、複数の個人の選択を統合する手続きがあります。このような手続きの方法を**社会的選択方式**と呼びます。個人の選択結果の集まりから、集団全体の選択方式を考えるような態度は、**方法論的個人主義**と呼びます。

　さて、ここまでの説明は聞き慣れないであろう専門用語が多く、少し難解でしたから、英語教育研究に関する例を使って振り返りましょう。

　最初に、教師としてのあなたを、個人の選択主体だと考えます。

　次に、あなたは英語の授業を行おうとしており、授業において行う活動について計画しています。あなたは、処遇 a、処遇 b、処遇 c のどれかにしようと考えています。これらの集まりを選択肢集合と呼びます。

　次に、過去のあるテストにおいてそれぞれの処遇を行ったときのクラスの平均点の伸びを知っているとします（表1–2）。この表2は、成績予測の数理モデルでもあります。

選択肢集合	対応する評価・価値
処遇 a	＋10
処遇 b	＋7
処遇 c	＋4

表1–2　過去のデータより得られた成績予測のモデル

　ここで、上記の数理モデルによって選好構造ができます（選好生成機構）。より具体的に、それぞれの処遇に対応する点数（＋10、＋7、＋4）には、順序関係があります。この順序関係を選好構造とするわけです。ここでは数理モデルの上で、10点平均点が伸びる処遇 a は、他の2つよりも高い値を取るため、他の2つよりも強く選好されることになります。

　こうして得られた選好構造の下で、「最も選好される処遇 a を選ぶ」というルール（選択機構）によって、選択肢集合の部分集合である処遇 a を指定する、

つまり選択するというわけです。

　以上、選択主体、選択肢集合、選択機構、選好生成機構、社会的選択方式を表1–3にまとめておきましょう。

形式的名称	概　要	例
選択主体	誰が選ぶか	学習者、教師、政府
選択肢集合	どのような選択が可能か	行動、処遇、カリキュラム、政策
選択機構	どのように決めるか	効用最大化、損失最小化
選好生成機構	選択肢の何が何よりもよいか	効果検証、因果推論
社会的選択方式	どのように多数の選択が統合されるか	多数決、投票、科学的エビデンス

表1–3　選択についてのまとめ

4.　ま　と　め

　簡単なことを難解に書いていると思われるでしょうが、これは視点の整理にとても有効です。このような選択という観点に立つと、英語教育研究全体が、最広義には、これら選択主体、選択肢集合、選択機構、選好生成機構、そして社会的選択方式のそれぞれに関わる総合的なものである[19]と整理できます(表1–4)。

---

[19] 英語教育研究の意義や目的を、実践者の判断や意思決定の支援に見出す態度は何も本稿独自のものではありません(e.g., 柳瀬, 2010, 2017)。たとえば、柳瀬(2017)は、「英語教育実践支援研究」という用語を、「実践者の判断や意思決定を支援することを目的とする研究」(p. 83)としています。ときに、質的研究、リフレクション、実践研究といった用語を使用してこの点を強調することもなされてきました(浦野・亘理・田中・藤田・髙木・酒井, 2016)。

形式的名称	対応する研究のテーマの例
選択主体	学習者論、教師論、言語教育政策研究、歴史研究
選択肢集合	第二言語習得、各種基礎論、指導法研究、教材分析、教材開発、CALL、カリキュラム開発
選択機構	教育思想、教育哲学、教育経済学、教育社会学
選好生成機構	教育評価、心理測定、言語テスト、研究方法論、数理モデリング、効果検証、因果推論、EBEE
社会的選択方式	言語教育政策研究、EBEE

表1–4 選択と対応する研究テーマの例

　はじめに、従来の英語教育研究の一部を、選択主体に関する研究として位置づけることができます。たとえば、学習行動の選択主体が誰であるか、または学習者や教師はどのような性質を持つか、といった記述的な研究は従来の学習者論、教師論に対応します。さらに、過去の教育政策の設計過程に関する記述研究は歴史研究に、そして「政策決定の主体が誰であるべきか」といった規範的な研究は政策研究に対応するでしょう。

　2つ目に、第二言語習得などを含む従来の基礎論、具体的に言えば、指導法、教材、カリキュラム開発などは、現実世界において「どのような選択肢が可能であるか」について自然科学的な方法を駆使して提案する重要な役割を担っていると考えます。

　3つ目に、「ある選好構造の下でどのように決めるか」を扱うことも英語教育研究に求められます。ある限られた情報しかもたない状況において、処遇をどのように選ぶか、たとえば、「最大のアウトカムを出すであろう処遇を選ぶべき」か、またはそうであるべきではないか、といった倫理性、教育の目的論やそれを支える諸分野の研究も含まれます。

　4つ目は、まさに本書全般の内容に最も強く関連する部分です。選好生成機構、「ある条件下における選択肢間の組合せの関係性をどのように決めるか」、たとえば「ある処遇が他の処遇よりもよい、ということをどのように決めるか」について扱うものです。本書が取り扱うEBEEという概念は、この選好生成機構のあり方の一つでもあると整理できます。

　EBEEに限らず、どの処遇がどの処遇よりも選好されるか、処遇をどの

ように評価するか、アウトカムをどのように定めるか、どのように評価を得るかといった観点は、広い意味においてこの種の研究だと言えるでしょう。同様に、評価方法や研究方法論に関する従来の研究も選好生成機構を支えるものです。

　最後に、この点は見過ごされていますが、英語教育研究は社会的選択方式の設計、つまり「個人の選択が社会においてどのように統合されるか、そしてどのように統合されるべきか」といった観点とも独立ではないと考えます。個人のビリーフ、価値、集団に付随する文化的側面、しばしば相反する組織的権益、それらがどのように調停されるべきかといった観点も英語教育研究の視野に入るべきです。EBEE は、このような社会的選択方式にも深く関わっており、第 2 章にて説明するエビデンス階層とも言われるように、方法論に対して規約的な順序関係を置くことによって、公共選択における一貫した**合意形成**のあり方を目指します。

　このような整理によって、拡大したとも言えるような、多様な英語教育研究の視点のそれぞれを明確化するだけに留まらず、従来の科学的真偽のアプローチがもつ重要な機能を履き違えるべきではないことを強く主張します。

　つまり、選択機構と選好生成機構とを同一視すべきではない、むしろ独立であると捉えるべきである、ということです。たとえば、第二言語習得によって、機械論的に作用機序が解明されたということは、ある処遇が別の処遇より選好されるとか、またはそれを選択機構として、作用機序が解明された処遇を選ぶべきだ、という意思決定を直接的に担うこと、そしてそれを正当化することには繋がりません。

　むしろ、本章がここまで批判してきたことの大部分は、自然科学的な論理が得意とする選択肢の提案という機能は、現実世界における選好生成機構としての機能に還元できない、ということにまとめられます。たとえば、ある生化学的な新発見によって新薬を作成することは、あくまでも選択肢の提案であり、その新薬が優れているか、そもそも薬はどう選ぶべきか、または処方する権利をどうするか、といったこととは本質的に異なることです。徹底的に副作用がないか治験をし、そして現実の医療場面でそれを処方すると

　いった意思決定の過程を顧みずに、開発可能な薬をそのまま処方する医療のようなものは想像できないはずです。英語教育研究も同様です。本質的に社会的な人間の営為としての英語教育を、自然科学の方法やある種の権威に任せきりにしてよいということでもありません。

　次に、意思決定のあり方として、無矛盾かつ一貫性を目指す試みは、すでに拡散した多くの知見を統合する力があると期待されます。たとえば、同条件におけるある「科学的な」見方と別の「非科学的な」見方が結果として同一の選好構造を示すならば、これらはともに等しく**合理的選択**だとして統合できます。そこに付随する訴求性や、一種の権威としての科学性に依らずとも、選択のあり方を吟味することで、これらが同質であることを判定する手立てを得ることができます。同じように、選好生成機構を深く検討する過程は、「効果とはなにか」、そして「科学とはなにか」についてさらに深く議論を繰り広げるための新しい基盤となるでしょう。

　結語になりますが、指導法の「効果」や「科学的」であることについて、筆者は以下のように考えています。指導法の効果は、物体の重量といった自然科学的な属性を参照するものではなく、いわば私たちが「よさ」を求めて教育の中であることを選択する、という営為から生まれるものです。そして、科学的であるとは、絶対的な真実の保証ではなく、私たちが様々な選択をするための道具立てのあり方です。そして、本書がこれから紹介していくEBEE は、従来の効果や科学といった捉え方を乗り超えて、将来の英語教育研究に一つの具体的な指針を与えるものであるでしょう。

第2章

エビデンスで英語教育は変わるのか
——EBPP の基本概念の批判的検討

本章では、英語教育研究と、「エビデンスに基づく実践・政策」(evidence-based policy and practice, 以下 EBPP)の接点を検討します。もっとも、本章は EBPP を手放しで礼賛するものではありません。むしろ、EBPP の理論的背景の説明を通し、これからの英語教育研究に資する部分・馴染まない部分を切り分けながら論じます。具体的には、質のよいエビデンスを得るためのリサーチデザインについて、EBPP の理論的支柱であるエビデンス階層・内的妥当性・外的妥当性の観点から議論します。

1. はじめに

1.1 運動としての **EBPP**

　EBPP の源流は 1990 年代の**エビデンスに基づく医療**(evidence-based medicine: **EBM**)です。医療従事者の経験則や勘ではなく、実証的根拠に基づいて科学的に医療行為を選択すべきであるというのが EBM の根本思想です。この考え方は、その後、医療の枠を超え社会政策の様々な分野に浸透しました。教育分野(教育実践・教育政策)もその一つであり、**エビデンスに基づく教育**などと呼ばれます(evidence-based education, 以下 EBE)。

　「エビデンスに基づく○○」はとりわけ医療の分野で成功を収めましたが、その主たる要因の一つが、統計学をはじめとした科学的方法論による説得力でしょう。科学による裏付けが、経験則や勘などの属人的要素を排し、意思決定の正当性を担保することに貢献しました。

　その点で EBPP には明確な**科学**志向がありますが、同時に、EBPP は紛れもなく**政治的・社会的運動**(movement)でもあります。つまり、伝統的な属人的意思決定は非効率的であり、それを科学的なものに変革することでよりよい成果がもたらされるという信念のもと、意思決定に関わる制度や実務者の意識の改革を目指すものです。明確な価値観に駆動されている以上、中立的なものでも非政治的(apolitical)なものでもありません——だからこそ、この(しばしば隠蔽された)政治性について批判がなされることもあります(杉田・熊井、2019; 松下、2015)。

1.2 ３つの論点

　EBM/EBPP/EBE についてすでに多くの解説がありますが、トピックとして何を強調するかは文献によって大きく異なります[1]。技術的な革新性(ラ

---

[1] 教育(EBE)は医療(EBM)に比べると新興分野ですが、和書(翻訳含む)に限定しても、国立教育政策研究所(2012)、ブリッジ・スメイヤー・スミス(2013)、中室(2015)、杉田・熊井(2019)、森・江澤(2019)が詳細な議論を展開しています。また、日本教育学会『教育学研究』の第 82 巻第 2 号(2015)や社会調査協会『社会と調査』第 21 号(2018)においても EBE に関する特集が組まれています。

ンダム化比較試験やシステマティック・レビューなど——後述）のみに限定して
論じるものも多いですが、その運動体としての性格——一連の意思決定シ
ステムの構築や、さらにこの運動の波及効果といったマクロな議論——を含
めるものもあります。

　こうした多様さがしばしば議論がかみ合わないと評される一因ですが（杉田、
2019, pp. 33–36）、筆者は、以下の3つの論点（図2–1 参照）を抽出することで、
見通しがよくなると考えます。

「エビデンス」の定義	EBPP の各段階	EBPP の生起する 条件・影響
a-1　格付けされた因果 　　　効果 a-2　因果効果 a-3　量的データ全般	b-1　エビデンスをつくる b-2　エビデンスをつた 　　　える b-3　エビデンスをつかう	c-1　運動の明示的意図 c-2　運動の（意図せざ 　　　る）背景 c-3　意図せざる影響

図 2–1　3 つの論点：定義、段階、運動の性格

　第1に、「エビデンス」の定義です。最も狭義が図の a-1 で、**「処遇 → ア
ウトカム」** という因果モデルにおける因果効果を示した実証的データであり、
かつ、その確からしさ（エビデンスの質）に関して格付けを経たものを意味し
ます。これは、医療（EBM）における標準的な定義です。それより少し広い
定義として、単に「因果効果を示した実証データ」を意味する用法（a-2）も
あり、さらに広義のものに、必ずしも因果効果に限定されない量的データ全
般を指す用法（a-3）もあります[2]。なお、日常語の「根拠」のように実証性を
必ずしも前提にせずに使われることもありますが（例、「反論するならエビデン
スを述べるべし」）、こちらは EBPP の文脈では誤用と言って差し支えないで
しょう。

---

[2]　たとえば、内田（2015）が EBE の文脈で焦点を当てているのが、児童のいじめ・暴力行為に関
　　する統計です。この種のデータは、特定の処遇の因果効果を推定したものではありませんが、
　　現実に教育政策過程において「エビデンス」として用いられています（たとえば、財務省は、上
　　記のデータに基づいて学級規模の縮小をしないように提言したことは記憶に新しいと思います）。
　　教育研究では、このような「権力による恣意的な（数値）データの解釈・統計の濫用」も含めて
　　エビデンスの功罪が論じられている場合が少なくありません。

　第2に、EBPPの一連のパッケージのうち、どの段階に注目するかです。正木・津谷(2006)は、EBMを、**「エビデンスをつくる」「つたえる」「つかう」**という3つの段階に整理しており、英語教育研究にもこの3段階はそのまま当てはめることができます。

　このうち、「つくる」は、研究者の活動──どのような研究を行えば質のよいエビデンスが得られるか──に関わります。また、「つかう」は、実務者(例、教師)や政策決定者が、エビデンスをいかに適切に参考にするかに関する観点です。多忙な実務者が、限られた時間の中で有効なエビデンスを効率的に探し出す方法や、エビデンスを吟味する目(いわばエビデンスリテラシー)がここに含まれます。そして、両者を橋渡しするのが「つたえる」です。既存の研究成果の整理・統合や研究データベース(たとえば、実務者が意思決定に迷ったときに頼ることのできる、効果的な対処法＝エビデンスを収録したデータベース)の整備が該当します。実際、医療(EBM)では、この種のデータベース構築は進んでおり、すでに大きな貢献を果たしています(正木・津谷、2006)。

　第3が、EBPP運動そのものをとりまく条件です。一般的に、EBPPに肯定的な論考は、射程を建前的な目標──研究と実践を有機的につなげることで、意思決定を改善する──に限定しがちです。一方、慎重かつ否定的な論考では、この種の建前を越えた点にも注目します。1つは、この運動を後押しした社会的・政治経済的条件に関する批判的分析です。EBPPは「選択と集中」──つまり、「有効なものにリソースを割くべし／有効ではない(ように見える)ものはやめてしまえ」──の発想にどちらかと言えば親和的であり、多くの先進国で進展する透明性の要求、国際標準化された学力概念(PISA等)、財政健全化(教育予算制限)などとの相関が指摘されています(石井、2015)。もう1つは、意図した目的から逸脱した意図せざる影響への警鐘です。教育行為の実際の文脈を捨象せざるを得ない実証研究(とくに数値ベースの研究)によって(少なくともその過度の強調によって)、教師の自律性・専門性が毀損されかねないという懸念が表明されるのは無理もないことです(松下、2015)。

1.3　英語教育研究との接点

　では、英語教育研究が EBPP から（批判的に）学ぶには、どの論点に焦点化することが生産的でしょうか。結論から言うと、筆者は次のように考えます。

1. 「エビデンス」の定義は、暫定的に「因果効果の実証研究を格付けしたもの」とする(a-1)
2. 主として「つくる」「つたえる」の次元を検討する(b-1/b-2)
3. EBPP 運動をとりまく社会的文脈についての検討は割愛する

　以上の境界設定は、かなり技術論に寄っており、社会的・政治的運動である EBPP を技術的な次元に矮小化する危険性があることは事実です。しかしながら、既存の英語教育研究・英語教育政策を前提にすれば、この限定化には以下のような意義があると考えます。

　第 1 に、**エビデンスの格付け**というアイディアの有用性です。英語教育研究では、国内外を問わず、EBM の誕生のはるか以前から、因果効果について論じる伝統がありました（たとえば、「○○を用いれば、英語力が伸びるか」「英語学習の開始年齢を早くすれば、英語力は向上するか」という問いです）。一方で、こうした研究成果の優劣が、体系的に評価されることは多くはありません。その結果、知見は玉石混淆の状況であり、教育実践に活かされる形で研究統合が行われているとは言い難い状況にあります。こうした問題点を踏まえれば、格付けの側面の強調には意義があるでしょう。この点の詳細は 2 節で検討します。

　第 2 に、エビデンスを「つくる」「つたえる」に焦点化し、「つかう」を扱わないのは、英語教育研究がまだ「つくる」の段階に達していないからです。EBM や EBPP で言うところの「つかう」は、実務者・政策決定者が研究成果を参照しながら、何をなすべきかを選択することであり、そのためにはエビデンスを集積したデータベースが不可欠です。たとえば、医療分野では、コクラン共同計画（the Cochrane Collaboration）という国際組織が医学・疫学的なエビデンスのデータベースを提供しており、実務家の研究知見へのアクセスを飛躍的に向上させています。また、社会政策における同種のもの

としてはキャンベル共同計画が有名です。

　しかしながら、英語教育分野にはそれに匹敵するものはありません。現場の英語教員が、自身の実践を改善するべく実証研究を探そうとしても、参照可能なデータベースはなく[3]、自ら一次文献に当たらざるを得ません（これは「つかう」というより実質的に「つたえる」の活動に近いでしょう）。こうした状況を踏まえれば、とりあえず「つかう」より前の段階に焦点化した議論を優先すべきでしょう（本書の方向性でもあります）。

　第 3 に、EBPP 運動の社会背景・影響力についての検討を割愛する理由です。当然ながら、この論点は英語教育研究も無縁ではありません。前述のとおり、英語教育研究は因果効果という考え方と親和的であり、また、認知科学（とくに言語学と心理学）から大きく影響を受けています。その反面、非量的研究や社会科学的研究は低調であり、とりわけ教育研究一般（狭義の教育学や他の教科教育学）と比較したときにはその低調ぶりは際立っています。そうであれば、「エビデンス（あるいは数値主義）の暴走」に警鐘を鳴らす意義は大きそうですが、こうした懸念は、実際のところ、EBPP に起因するものというよりは、英語教育研究の固有の学問的偏りに起因するものです。したがって、「英語教育研究批判」として包括的に検討したほうが生産的でしょう[4]。

2. 「エビデンスの格付け」とは？

　以下より、よいエビデンスを、いかにつくり、そして、整理・体系化すればよいかを考えましょう。

---

[3] もちろん言語教育研究分野にもデータベースのプロジェクトはありますが──たとえば、Digital Repository of Instruments and Materials for Research into Second Languages (IRIS)──、前述の「玉石混淆」の問題点をクリアしているものはほぼありません。そもそも、この手のデータベースの設計思想（「言語研究に学術的な貢献をする」）は、EBPP のそれ（「実務者の意思決定に貢献する」）とは大きく異なっています。

[4] とくに英米の英語教育研究あるいは応用言語学では、こうした状況への問い直しは近年とくに進んでいます（Atkinson, 2011; Block, 2003; Pennycook, 2001）。

2.1　英語教育界に蔓延する「効果」語り

　1章でも論じたとおり、英語教育研究には、特定の**処遇の効果**を実証的に検討する伝統があり、これは他の教育研究と比べるととくに際立った特徴です。たとえば、英語教育では「○○を指導することの効果」「効果的な○○指導法」といったレトリックが浸透していますが、教育研究の他領域では、ストレートな因果関係で教育行為を論じることに慎重な場合も少なくありません。むしろ、英語力のように数量化に馴染みやすいアウトカムを対象とする英語教育分野が、教育研究の中では例外的だと言えます。

　教室指導と同様に、英語教育政策にも因果効果の枠組みが浸透しています。たとえば、近年の大学入試改革では「入試が変わらないから授業が変わらない／入試が変われば授業が変わる」という（不確かな）根拠をもとに、四技能型の民間試験の導入が推進されたことは記憶に新しいでしょう[5]。また、小学校への英語教育導入も、早期開始が日本人の英語力向上に寄与するはずだという、（同じく不確かな）因果関係に基づいて推進されました（寺沢、2020a）。

2.2　恣意的な選択という問題

　因果効果という観点に注目する限り、英語教育は一見するとエビデンスに基づく教育（EBE）の先駆者ですが、実際には以下の問題があります。

　まず、権威主義によって、エビデンスの取捨選択が歪められるという問題です。たとえば、著名な学者や、いわゆる「カリスマ教師」、文部科学省・教育委員会の人間、商業的に成功している出版物など、権威のある人物・媒体の主張は受け入れられやすく、反対に、研究成果に基づいた「地味」だが堅実な主張は埋もれてしまいやすいという問題です（さらに、英語の専門家が多い分野として正直なところ恥ずかしい話ですが、英文文献（国際誌）のほうが和文文献よりも「ありがたがられる」という権威主義も指摘できます）。

　こうした歪みは、権威主義だけではなく、教師の指導ビリーフにも原因があります。自分が信奉する指導法にとって肯定的な研究結果はピックアッ

5　この論拠に「不確かな」と注釈をつけざるを得ない理由は、寺沢（2019a）を参照。

プされやすく、反対に、都合が悪い結果は黙殺されやすいからです。

　似たような状況は政策レベルでも起きています。たとえば、日本の小学校英語教育の推進派は、早期英語教育の有効性を示した研究結果を選択的に強調する傾向がありました。文科省・教育委員会も、小学校英語を導入する文脈においては、このような恣意的な取捨選択を多用してきました（寺沢、2020a）。

　こうした問題点は、**エビデンスのつまみ食い**（cherry picking of evidence）としてよく知られています（Parkhurst, 2016, Chapter 1）。そして、その原因の少なくとも一部が、エビデンスを取捨選択するガイドラインを欠いていることだと考えられます。

　事実、英語教育研究では、リサーチ方法論の隆盛にもかかわらず、**研究の質を評価するガイドライン**が発展していません[6]。もっとも、格付けとは、要するに、研究者・教師が良識に基づいて行った研究に優劣をつける、ある意味で非人間的な営みです。しかし、こうした有無を言わさぬ格付けがあるからこそ、「つまみ食い」に一定の制約をかけることができます。

2.3　エビデンス階層

　もっとも、医療（EBM）では、質評価によるこうしたメリットが、デメリットよりも重視されたからこそ、格付けシステムが発展したと言えます。これは、エビデンス階層という名で知られています。

基本的な考え方

　エビデンス階層の例を表 2–1 に示します。これは、オックスフォード大学 EBM センターが 2011 年に発表した「治療による好影響に関するエビデンス階層」です（OCEBM Levels of Evidence Working Group, 2011）。上層のエビデンスほど、意思決定に役立つものであるという宣言です。

---

[6] もちろん「よりよいリサーチとは？」といった議論は盛んに行われていますが、細かな Tips の寄せ集めの感が強く、ガイドラインのような体系化は進んでいません。事実、言語教育研究・応用言語学におけるレビュー論文には、メタ分析をしているものも含めて、質に対する評価をせず、結果的に玉石混淆になっているものが少なくありません。

	エビデンスの内容
Lv. 1（上層）	ランダム化比較試験（実験群・対照群をランダムに割り当てた厳密な実験）のシステマティック・レビュー
Lv. 2	個々のランダム化比較試験。劇的な効果を示した観察研究
Lv. 3	実験群・非実験群をランダムに割り当てていない比較研究
Lv. 4	症例を集めて比較した研究
Lv. 5（下層）	実験・調査データなしの、学理に基づく推論

表 2–1　エビデンス階層の例（オックスフォード大学 EBM センター「治療による好影響のエビデンス階層」（2011）の筆者による意訳）

実 証 性

　以下、もう少し具体的に説明しましょう。第 1 に、Lv. 4 と Lv. 5 を分かつのは、**実証的データ**の有無です。たとえ既存の理論から考えて効果があると思われる処遇であっても、実際には効かないということは多々あります。それは当然のことで、当の「既存の理論」とはあくまで暫定的な理論だからです。また、未知のメカニズムが効果を抑制する可能性も否定できません。したがって、実際の効果を検証したもののほうが、机上の論理よりも、情報量が大きいことは明らかです。以上が、実証的データを優先する根拠です。

内的妥当性

　第 2 に、Lv. 2・Lv. 3・Lv. 4 の各境界はそれぞれの**内的妥当性**の強さに対応しています。内的妥当性とは、「処遇 → アウトカム」における因果関係をどれだけ正確に、言い換えればどれだけバイアスが少なく、示すことができるかです。たとえば、ある病気の患者に処遇 X を与えたところ治癒したという事例があったとしましょう（表の Lv. 4 に相当）。この事例が示唆に富むことは間違いないですが、それだけで「処遇 X に効果があった」と結論づけるのは困難です。放っておいても（自然治癒力で）まったく同じように治ったかもしれませんし、本当に効いていたのはまったく注目されなかった別の処遇だったかもしれません。したがって、効果をより正確に推定するためには、比較対照群（処遇 X を与えない群）を用意する必要があります（表の Lv. 3

に相当)。

　ただし、単に処置群・対照群を比較するだけでは不十分です。**選択バイアス**が伴うからです。わかりやすいのが、ある病気について重症者には治療法 X を施し、軽症者には何もしなかった(自然治癒力に任せる)という例です。このとき、処遇(X 療法のある／なし)とアウトカム(治癒／死亡)という 2 変数の関係だけを見ていると、おそらく「何もしなかった患者」の治癒率が高くなり、「X 療法は患者を殺す」という間違った結論を導きかねません。

　このように処遇の有無が人々の選択に左右されるとき、因果関係の判断が困難になります。処遇・アウトカム以外の第 3 の変数(上の例では「重症者か軽症者か」)が介在するからです。重症／軽症という変数であればまだわかりやすいですが、これが未知の変数——あるいは研究者によって観測されていない変数——の場合、バイアスの大きさを事後的に評価するのは不可能です。

　このバイアスの解決策が、**RCT** という略称でも呼ばれる**ランダム化比較試験**(randomized controlled trial)です(表の Lv. 2 に相当)。RCT は、患者に「処遇を与える／与えない」をランダムに決めてその後のアウトカムを比較する実験です。ランダムに割り当てることにより、あらゆる第 3 の変数・未知の変数も、処置群と対照群にランダムに配分されます。その結果、2 つの群は処遇の有無以外は理論的に等質の集団と見なすことができるので、これではじめて処遇 X の因果効果を正しく推定できます。

外的妥当性

　第 3 に、Lv. 1 と Lv. 2 の境界は、外的妥当性に相当します。**外的妥当性**とは、ある研究の結果が、他の集団(究極的には母集団)にもどれだけ適用できるかです。

　たとえば、A 氏という研究者が、RCT を用いて処遇 X の因果効果を推定したとしましょう。このとき、この効果はあくまで A 氏が集めた実験参加者においては効果的だったという限定がつきます。したがって、B 氏の実験参加者、C 氏の実験参加者、D 氏の... 等々、他の人々にも同様の効果が得られる保証はありません。

　因果効果をリサーチする目的は、できるだけ多くの人に（究極的には人類全体に）効く方法を見つけることにあり、そのためには、特定のサンプルだけではなく、より多くの、より多様なサンプルにおける効果を知る必要があります。この目的のために EBM が一般的に採用しているのが、システマティック・レビューです（表 Lv. 1 に相当）。個々の RCT の効果をメタ分析によって統合し、より大きな集団から得た一般的効果を推計する手法です。

2.4　格付けを貫く原理

　以上、医療（EBM）を例に、エビデンス階層の実際を簡単に説明しました。EBM から英語教育研究が学ぶべきは、格付けのパッケージそのものではなく、格付けの背後にある原理です（当然ながら、医療で発展したパッケージをそのまま教育に転用できるはずがありません）。

　その原理が、前述の実証データ、内的妥当性、外的妥当性の 3 点です（Terasawa, 2019）。実証データの重要性は論をまたないはずですが、慎重な考慮を必要とするのが内的妥当性と外的妥当性の順序です。

　表 2–1 の EBM の例では、内的妥当性→外的妥当性の順序でした。つまり、まず RCT で内的妥当性を、次に、システマティック・レビューで外的妥当性をそれぞれ担保するという手続きです。

　しかしながら、2 つの妥当性はそもそもまったく別種のものであり、優先度が理論的に決まっているわけではありません。EBM の「内的妥当性→外的妥当性」という順序はあくまで医療分野における慣習的なものと理解すべきでしょう（もっとも、「慣習的」とは言っても、後述するとおり、合理性のある「慣習」です）。したがって、あらゆる分野が EBM の順序を踏襲する必然性はありません。つまり、「外的妥当性→内的妥当性」という順序も当然あり得るはずで、さらに言えば、そもそも 2 つの妥当性に順序を想定する必要があるのかという議論もあり得るでしょう。これについては、第 5 章で論じます。

3. 医療と教育の共通点・相違点

　ここまでは、言ってみれば医療(EBM)内部での議論でした。では、これらは、英語教育とどのように接続できるのでしょうか。

3.1 「医療と教育は違う」

　しばしば教育は医療のメタファーで語られますが、同時に「教育は医療と違う」というフレーズも人口に膾炙しています。EBM の教育への応用をめぐっても、様々な相違点が指摘されてきました。的外れな指摘と思えるもの[7]も含めて代表的なものを挙げると以下のとおりです。

- 医療と違い、教育においてランダム化比較試験(RCT)は倫理的に不可能である
- たとえ倫理面がクリアされたとしても、RCT は現実的にも難しい
- 医療の目標はわかりやすい(例、治癒や生存)。一方、教育の目標は多様である
- 医療のアウトカムは数値化しやすいが、教育のアウトカムは質的に検討するべきものが多い
- 教育は、多数の変数が介在する複雑なプロセスである
- 教育は、介入の効果が判明するのに長い時間がかかる

　厳密な RCT が困難であるのはそのとおりですし(完全なランダム割当てには二重盲検法が必要ですが、教育において二重盲検法が実現できる状況はほぼ皆無です)、また、教育行為の多くは中長期的なスパンでアウトカムを考える必要があるのも事実でしょう。

---

[7] 的を射ていないと考えられる部分は次の点です。第 1 に、倫理的に RCT を行う方法は多数検討されています(デュフロ・グレナスター・クレーマー、2019)。そもそも、RCT そのものが非倫理的だとすると、医学者は EBM の名の下に非倫理的な研究を大っぴらに行っていることになってしまいます。第 2 に、医療にも RCT 実施が困難な現象もあり(例、疫学的対象)、RCT が困難であることが、即、エビデンスに基づく教育の困難さを意味するわけではありません。第 3 に、医療が目指すものも、究極的な目標という点で言えば多様性に富みます(たとえば、患者の QOL や権利、あるいは家族を含めた幸福)。一方、教育についても、「治癒・生存」並みにわかりやすい指標は(その合意可能性はともかく)想定可能です(たとえば、学力テストの点数)。第 4 に、人体が小宇宙と呼ばれるように、医療にも多数の変数が介在します。むしろ、その多数の変数の介在をランダム割当てによって解決しようとする試みこそが RCT だと言えます。

3.2 処遇やアウトカムの定義・測定

　もう1つ、あまり指摘されない重要な違いを付け加えましょう。それは、**処遇・アウトカムの定義・測定**に関するものです。教育は、医療に比べ、この面の合意が極めて難しいと言えます(寺沢、2020b)。

　医療の場合、どのような処遇を標準的とするか(たとえば、投薬の量や間隔、手続き)について基礎科学(基礎医学、生理学、薬学等)による膨大なサポートがあります。アウトカムの定義・測定方法(例、特定の指標が何単位あがったら改善と見るか)も同様です。もっとも、何を「処遇」「アウトカム」と見なすかは究極的には価値判断に依存するものであり、科学の力で自動的に決まるわけではありません。しかし、基礎科学の裏付けがあるという信頼感によって、医療コミュニティ内の合意可能性は高まります。

　一方、教育では、処遇・アウトカムの定義・測定について基礎科学からサポートを受けるのは困難です。教室指導を例にすれば、「Xメソッドとは、○○を××というように、△△という手順で教えること」と概念的に定義することは可能ですが、科学的指標に依拠して定義することは難しいでしょう。アウトカムの測定についても、学校統計的指標(例、進学率、退学率)や、心理測定学で基礎づけられた一部の学力指標を除けば、多くの人が納得できる測定はごくわずかです。

　結局のところ、定義の際は、常識・レトリック・論争中の科学といった説得力の弱い根拠に基づくことになります。そのため、教育関係者が容易に合意に至れるような基盤は期待できないのです。

　以上の議論を、次ページの図2–2に模式的に示しました。教育がEBMのように科学化が達成できる——正確に言えば、科学による正当化で合意可能性が向上できる——領域は、処遇とアウトカムの間の因果推論の部分だけであることを示しています。一方、それ以外の部分は、討議をとおした**合意形成**に頼るしかありません。これが、教育(を含む社会政策領域)において、エビデンス選択は本質的にネゴシエーションであると評されるゆえんです(Parkhurst, 2016)。

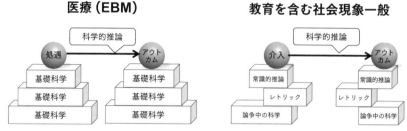

図 2-2 医療と教育の違い

　社会政策領域での合意形成は、高度に政治的な過程であり(ナトリー・ウォルター・デイヴィス、2015)、学術研究を積み重ねていけば自動的に実現できるわけではありません。しかし、だからこそ、学術コミュニティは、研究知見をアピールすることで政策過程に積極的に関わっていかなければならないと言えます。

　教育の政策過程においても、処遇やアウトカムに関して荒唐無稽な定義が(主に非専門家から)飛び出すことがあります。たとえば、早寝早起き朝ごはん、四技能、生きる力、グローバル人材、アクティブ・ラーニング(主体的・対話的で深い学び)等々。

　こうした奇抜な定義を、無難かつ有益無害で合意可能なものに修正・最適化していくには、その分野固有の知識が不可欠です。このタイプの知識を、実験デザインや分析手法などの方法論的な知識と対比して、**ドメイン知識**と呼びます。合意可能性を向上させるうえで、ドメイン知識は非常に重要です。実証的な方法だけでは決着がつかない「ややこしい」現象であっても、ドメイン知識に基づいて丁寧に議論することで、妥協点が探れます。そして、その段階でやっと「エビデンスに基づく教育」のスタートラインに立つことができます。EBPP というと、方法論の面(とくに、「処遇→アウトカム」の因果推論)ばかりが脚光を浴びがちですが、処遇やアウトカムをどう定義・測定すれば関係者の合意が可能なのか、ドメイン知識に基づいて丁寧に議論することも必要です。むしろ、この部分の整備が遅れている英語教育研究では、決定的に重要だと言ってよいでしょう。そして、これこそが、英語教育研究

者しか貢献できない場であると思います[8]。

4. 質的研究との関係

　ここまで、エビデンスに基づく教育(EBE)の枠組みは、英語教育研究との相性が比較的よい(あくまで他の教育分野と比べて「比較的」ですが)という前提で議論してきました。一方、そうではない文脈もあります。**質的研究**[9]です(「質的研究」はいろいろな意味で使われる用語ですが、ここでは、質的調査に基づいて質的なデータを質的に分析する一連の研究プロジェクト——調査計画からデータ収集、分析、解釈、執筆まで——の総称という意味で使います)。事実、EBM はもちろんのこと、EBE も明らかに量的研究を前提にしています(エビデンス階層がその典型です)。では、質的研究との接点はどこにあるでしょうか。以下、本章の締めくくりとして、英語教育研究における質的研究が、EBE といかに接続(不)可能か論じたいと思います。

　英語教育研究は伝統的に量的研究が支配的な分野で、質的研究は長らく非主流派の位置に甘んじてきましたが(寺沢、2019b; de Bot, 2015)、近年は着実に存在感が増しています。それにつれて、英語教育でも、量的研究・質的研究双方の位置付けをめぐる議論が深まりつつあります。この延長線上で、EBE と質的研究の関係についても考える必要があるでしょう[10]。

　私見としては、質的研究が EBE にとり得る態度として、以下の 3 つがあると考えます。

1. 「ドメイン知識への貢献」型

　エビデンスのコアにある因果効果とは、完全に、量的研究の概念である。「○

---

[8] そもそも因果推論やリサーチデザインに関する知識の面で、英語教育研究者は、データサイエンティストや教育経済学者にはかないません。そうである以上、英語教育研究者の存在意義は、ドメイン知識が活かされる文脈にこそあると筆者は考えます。

[9] これは、学術的な質的研究です。日本の英語教育学界では、しばしば量的研究が、(質的な)実践研究と対置されることがありますが、本書は実践研究を念頭に置いていません(そもそも「量的 vs. 実践」というのは対立概念として不自然です)。

[10] 医療(EBM)にはすでに多くの蓄積があり、ナラティブのような質的データを統合する試みも提案されていますが(シャロン、2019; ポープ・メイズ・ポペイ、2009)、現在でも標準的な位置を占めているわけではありません。

○の効果」のような問いは質的研究の守備範囲ではない。一方で、処遇やア
ウトカムの定義をめぐる議論など、ドメイン知識に関わる領域については、
質的研究は大いに貢献できる。

2. 事例研究型

因果効果は質的研究でも検討可能である。その代表例が、事例研究である[11]。
教育現象では「効果」が生じる複雑な文脈を総合的に検討する必要がある。
そう考えれば、要素還元主義的な「実験」などよりも、文脈全体を考慮しな
がら効果検証できる事例研究のほうが、むしろ貢献度が大きい。エビデンス
階層のような格付けシステムも、質的事例研究にウェイトを与えるように修
正すべきである。

3. 相対化機能重視型

質的研究は、量的研究のように、教育現象を静的に捉えない。常に流動的か
つ複数的で複雑なプロセスとして見る。そもそも、現象の記述(たとえば「○
○が××を向上させた」)は観察者に依存するわけで、固定的に確定できるも
のではない。であれば、社会に蔓延する「エビデンスに基づく効果的な○○」
といった過度に単純化された言説に対し、批判・相対化するような対抗言説
を編んでいくことこそが質的研究の役目である。

　上記の説明にも示されているとおり、3 つのアプローチは、**認識論的前提**
に大きな違いがあります。本章では便宜的に「質的研究」と呼んでいますが、
実際のところその内部は極めて多様で、そもそも同じカテゴリーとして括っ
てもよいのか疑問が残ります。そうした認識論的違いがアプローチの差とし
て現れたと考えることができます。

　具体的には、**因果効果**という概念をどう理解するか、そして、**経験主義**
(empiricism)を前提にするかしないかという点で明確な相違があります。こ
うした点を整理すると、表 2–2 のようになるでしょう。

　これらのアプローチのうち、どれが最も現実的かを議論するのは筆者の
力量を越えています。もっとも、三者はたまたま「質的研究」というラベル
に括られているだけで、本来は根本的に別種のアプローチであり、優劣をつ

---

11. 「事例研究」は多様な使われ方をする用語ですが、理論的な貢献度の高い事例に注目し、その事
例について事実を中心に分析することで新たな知見を提示するものと定義します(ジョージ・ベ
ネット、2013)。詳細は第 5 章で議論しています。

	因果効果に対する態度	経験主義(empiricism)に対する態度
1. 「ドメイン知識に貢献」型	限定的に理解	経験主義的
2. 事例研究型	緩やかに理解	経験主義的
3. 相対化機能重視型	因果効果という概念自体に批判的	非/反経験主義的(解釈的・批判的)

表 2-2　各アプローチの特徴

ける議論はあまり生産的ではないように思います。それぞれの立場の英語教育研究者が相互に対話していくべき論点であると考えられます。

5.　おわりに

　本章では、EBPP の英語教育研究への適用可能性を、因果効果、エビデンス階層、医療との相違といった観点から検討してきました。結論として言えることは、英語教育研究者の多くが関心を持っているテーマは EBPP との枠組みと比較的親和的ですが、反面、教育における因果効果の検討には固有の困難があり、医療並みに標準化された枠組みを直輸入することはほとんど期待できないという点です。

　直輸入できる事例がないという事実は、英語教育研究が自ら枠組みを構築する必要があることを意味しています。その際は、総論だけでなく各論レベルで根本的な再検討が必要になるでしょう。たとえば、エビデンス階層は既存のものを「再利用」することは果たして妥当であるかとか、RCT やシステマティック・レビュー以外の方法を積極的に模索するべきではないのかといった論点です。この点に関しては、再び筆者が第 5 章で検討します。

第3章

英語教育における
メタ分析の重要性

本章では、メタ分析をキーワードに研究のあり方について論じます。これまでの研究を総括するのは研究者の重要な責務ですが、英語教育の分野ではこれが十分に行われているとは言えません。教育実践に対して具体的な提案を行うには、個々の研究が用いる変数を吟味することと、先行研究と同一または類似する変数を用いた追試を多く実施することが重要で、それによってメタ分析の質が高まり、よりよいエビデンスを作ることにつながります。

1. 英語教育研究でエビデンスを「つくる」

どの分野においても、研究は、それより前に行われた関連研究(先行研究)を参考にしつつ、新たな要素を加えた形で行われます。そのため、研究分野が発展すればするほど、その内容は細分化され多様化する傾向にあります。研究がより洗練されたものになるという意味で、このこと自体は悪いことではありませんが、結果的に一つ一つの研究を見てもその分野の全体像を俯瞰することは難しくなります。そこで、ある意味拡散を続けていく関連研究の知見をどこかのタイミングで集約し、それを基に当該研究分野の今後の方向性について何らかの提案を行うことが重要になります。これが**研究の統合**(research synthesis)です。

研究の統合のうち、いわゆる量的研究の結果を統計的にまとめる手法を**メタ・アナリシス**(meta-analysis)または**メタ分析**と呼びます。メタ分析とは、「過去に行われた複数の独立な研究結果を統合するための(統合できるか否かの検討も含めた)統計解析」(丹後、2002, p. 1)であり、医療・疫学などの分野などで研究の統合が積極的に行われています。先行研究を統計的に統合するという考え方自体は古くから存在し、医療や農学の分野では 20 世紀前半から行われてきました(丹後、2002, pp. 2–3)。このような取組みに対して meta-analysis という名称をはじめて用いたのは Glass(1976)で、その後現在の形でのメタ分析の方法論(後述)が確立されました。

第 4 章で詳しく紹介しますが、英語教育研究の分野においても、2000 年以降メタ分析の手法を用いた論文が急速に増加しています。このメタ分析ブームと呼んでもよい現象のきっかけとなったのが、Norris and Ortega(2000)による第二言語習得における指導の効果を対象にしたメタ分析で、この分野におけるメタ分析の多くはこの論文が提案する手法を参考に行われています。

メタ分析などの手法を用いて研究の統合が広く行われることは、英語教育研究の今後の発展のためにも好ましいことです。しかしながら、この分野におけるメタ分析を実際に読んでみると、研究の統合が進む他分野とくらべ

て不十分な点が見られます。そこで本章では、英語教育研究におけるメタ分析を医療分野におけるメタ分析と比較することで、英語教育研究におけるメタ分析、またメタ分析の対象となるべき個々の研究に何が足りないのかを検討します。

2. メタ分析とは

　英語教育分野に限らず、研究は一般的に先行研究の分析(レビュー)から始まります。レビューを行うことで、これまでの研究で何が調査され、何が判明しているのか、またこれまでの研究にはどのような問題があったのか、まだ判明していないのは何なのかといったことが明らかになり、それに基づいて新たな研究課題(リサーチ・クエスチョン)の設定が可能になるからです。
　先行研究のレビューの多くは、著者が自ら選んだ文献を自分のことばでまとめ、全体が一つのストーリーのようになる形でまとめられます。この伝統的なタイプのまとめ方は記述的なレビューまたは**ナラティブ・レビュー**(narrative review)と呼ばれます(山田・井上、2012, p. 3)。ナラティブ・レビューは必ずしも否定されるものではありませんが、著者による主観的なレビューであるがゆえの問題点も指摘されています。まず、先行研究の収集と統合の段階で著者のバイアスがレビューに反映される可能性があります。文献をどのように収集し統合したかの手順は通常論文に明記されないため、同じ研究分野であってもレビューから得られるまとめの再現性が低いという問題があります。極端な言い方をすれば、あらかじめ研究課題を設定してから先行研究のレビューを行うことも可能であり、設定された研究課題にスムーズにつながるような形のレビューにするため、場合によっては関連する一部の先行研究に触れないことがあるかもしれません。ここまで意図的ではないとしても、著者の主観がなんらかの形でレビューに反映されることは避けられず、結果的に同じ分野のレビューでも、著者によって結論が大幅に異なるものになる可能性があります。
　次に、複数の先行研究が異なる結果を示しているとき、それを合理的に統合する確立された方法がナラティブ・レビューには存在しません。たとえ

ば、特定の指導法の効果を実験群と統制群との比較という形で示す5つの先行研究があったとして、そのうち3つで有意差が見られ、残りの2つでは有意差が見られなかったとしましょう。その結果をどう解釈するかについては、ナラティブ・レビューでは著者の判断に委ねられるため、同じ文献をレビューしても、著者によってその解釈が変わる可能性があります。ある研究者は、過半数の研究で有意差が見られたためにこの指導法には効果があると結論づけるかもしれませんし、別の研究者は5つのうち(なんらかの理由をつけて)とくに重要だとした1本の論文の結果を重視した結論を出すかもしれません。

上述のようなナラティブ・レビューの問題点を解決する方法として、**システマティック・レビュー**(systematic review)があります。システマティック・レビューといっても、実際にレビューを行うのは人であり、その過程において研究者の主観がすべて排除されるわけではありません。ただし、システマティック・レビューでは、先行研究の検索・抽出方法や結果の統合方法が定式化され、その基準が論文中で明示されるため、透明性、再現性が高いと考えられています。

システマティック・レビューの中で、先行研究の結果を統計的に統合するものを(統計的)メタ分析(statistical meta-analysis)と呼びます。メタ分析の手順については、Cooper のモデル(1982 など)がよく取り上げられます。ここでは Cooper(1989)に基づいた竹内・水本(2014)の手順を紹介します。

1. 研究テーマの設定
2. 文献の収集
3. 収集した文献の吟味
4. 分析と解釈
5. 研究結果の発表

次節では、このうち1から4までの流れについて、医療分野のメタ分析を例に説明します。

3. 医療分野におけるメタ分析

　医療分野における研究と教育分野における研究の共通点と相違点については、第 2 章第 3 節ですでに触れましたが、ここでは医療分野におけるメタ分析の実例を見ながら、英語教育研究に何が足りないかを考えます。

　メタ分析は、その手法が系統的かつ客観的であるため、研究の統合結果がその後の意思決定に重要なインパクトを与える医療のような分野で積極的に活用されています。エビデンスに基づく医療 (evidence-based medicine; EBM) の考えを受けて、投薬なども含む治療法の効果について根拠を提示することが求められるため、メタ分析による研究の統合がさかんに行われています。ここでは一例として Griesdale et al.(2009) を挙げ、医療分野におけるメタ分析の流れを紹介します。

　Intensive insulin therapy and mortality among critically ill patients: A meta-analysis including NICE-SUGAR study data という論文タイトルが示すとおり、Griesdale et al.(2009) の研究テーマは危篤状態の患者に対するインスリンの大量投与 (強化インスリン療法) の効果を測定した先行研究のメタ分析です。強化インスリン療法は、米国糖尿病学会 (American Diabetes Association) などにより危篤患者に対する標準的な治療方法として推奨されているものの、最近の研究ではその効果を否定するものもあるため、メタ分析を行うことでこの治療法の効果について再度検討することを研究テーマとして設定しています。

　研究テーマ設定の次に行うのは文献の検索と収集です。Griesdale et al.(2009) は次のステップでこの作業を行いました。まず、アメリカ国立医学図書館による MEDLINE をはじめとする医療分野の代表的な研究データベースを対象にキーワード検索を行い、関連すると思われる 2,225 本の論文情報を収集しました。文献収集のために実際に検索に使用したキーワードも論文中に記載されているため、別の研究者が同様の検索を行ったときの再現性も担保されています。さらに 2000–2008 年の間に開催された関連諸学会のプログラムに収録された要旨を手作業で確認し、関連すると思われる研究

を 3 件抽出しました。

　以上の文献を次の基準に基づいて吟味し、最終的に 26 の論文がすべての条件を満たす研究としてメタ分析の対象となりました(抽出作業において、どの理由で何本の論文が除外されたかについても明記されています)。

1. ランダム化比較試験(randomized controlled trial; RCT)であること。
2. 大人を対象にしていること。
3. 救命救急診療を対象にしていること。
4. 強化インスリン療法について一定の基準(論文中に明記)を満たしていること。
5. 治療効果の指標として死亡率が報告されていること。

　次のステップは、この 26 の論文の研究結果の統計的な統合です。実際の統合方法の説明については竹内・水本(2014)、丹後(2002)、山田・井上(2012)などに譲りますが、Griesdale et al.(2009)は強化インスリン療法の効果を効果の有無(つまり患者の生存と死亡)という二値化した変数で表し、これを従属変数にしたリスク比を計算することで研究を統合しています。

　Griesdale et al.(2009)によるメタ分析の結果の一部を紹介すると、強化インスリン療法は統制群と比べて死亡リスクを有意に下げていないことが判明しました(リスク比 = 0.93, 95% CI [0.83, 1.04][1])。この結果について Griesdale et al. は、「危篤状態の患者に対する強化インスリン療法に関するランダム化比較試験を対象にした我々の最新のメタ分析では、この治療法が死亡リスクを下げる効果が見られませんでした」(p. 823)と述べています。さらに、冒頭で提示した研究テーマについて次のように結論づけています。

　我々の研究結果は、危篤状態の患者に対して強化インスリン療法を施すことを推奨する米国糖尿病学会他の提言を支持しません。このメタ分析は今日までの

---

[1] ここで言うリスク比(risk ratio)とは、危篤状態の患者に対して強化インスリン療法を実施した場合に、実施しなかった場合と比べ死亡するリスクがどの程度あるかを示す数値です。この論文の場合 1 よりも数値が小さければ強化インスリン療法が死亡率を下げたことを、逆に 1 よりも大きければ死亡率が高まったことを意味します。実際のリスク比は 0.93 と 1 をわずかに下回っていますが、95% 信頼区間(confidence interval: CI)の下限が 0.83 で上限が 1.04 となっており、信頼区間に 1 が含まれるため、これまでの研究を統合した結果強化インスリン療法は統計上有意に死亡リスクを低めることができていないと解釈されます。信頼区間については、第 4 章注 2(p. 063)も参照してください。

最大規模のものであり、これを上回る規模の研究は認知していないため、政策立案者に対し、すべての危篤状態の患者に対して強化インスリン療法を推奨することについて再考を求めます。(p. 825)

ここで強調したいのは、Griesdale et al.(2009)の提言が具体的かつ厳密なものとなっていることです。権威のある学会等が推奨する治療法に対して、効果がないので推奨そのものを見直すべきだと主張することができるのは、医学の分野でEBMの重要性についての認識が共有されていて、メタ分析がエビデンスとして認知されているからにほかなりません。さらに重要なのは、このように具体的な提言が可能であるのは、分析対象とする文献の吟味の段階で、**独立変数**と**従属変数**[2]それぞれについて明確に定義(操作化)されているからだという点です。独立変数である強化インスリン療法については、目標となる血糖値の基準が数値として明確に提示されており、従属変数である治療効果については、死亡率という定義にブレの起こり得ない指標が用いられています。

このように具体的な提案がなされるのは医療分野のメタ分析では一般的であり、たとえばビタミンEの大量投与と死亡率の関係についてメタ分析を行ったMiller et al.(2005)は、「適切に計画された臨床試験によって有効性に関するエビデンスが揃うまではビタミンの大量投与は見合わせるべきです」(p. 45)と提言しています。また、癌性の痛みを抑える方法としてモルヒネとオキシコドンの効果を比較するメタ分析を行ったReid et al.(2006)は、鎮痛効果に有意な差が見られなかったことから、モルヒネと比べると4倍近く高価なオキシコドンを使う積極的な理由はないとして「癌性の痛みを抑えるための第一選択肢としてのモルヒネ使用を否定する理由はありません」(p. 843)と提言しています。このように、メタ分析において独立変数と従属変数の操作化を厳密に行うことが具体的、つまり実用的な提言に結びついているのです。

---

[2] 2つの指導法AとBが学習者の英語力にどう影響するかを調査した研究があったとしましょう。この場合因果関係の「因」に当たる指導法を独立変数(independent variables)または説明変数(explanatory variables)と呼び、「果」に当たる英語力の変化を従属変数(dependent variables)または目的変数(object variables)と呼びます。第4章1節も参照してください。

　医療分野におけるメタ分析で変数の厳密な定義が可能であるのは、厳密な条件を設定して文献を吟味しても、ある程度の数の研究が分析対象として残るからです。これはつまり、同一の研究テーマにおいて、同じ変数を用いた研究が、具体的な提言に至るようなメタ分析を行うのに十分な数だけ揃っていることを意味します。言い換えると、EBM の重要性が謳われる医学研究分野では、同一変数を用いた**追試**(replication)がさかんに行われているとも言うことができます。追試の意義が認知されているため、様々なテーマで随時追試の結果が報告されて、新しい報告が出るたびにメタ分析を繰り返す**累積メタ分析**(cumulative meta-analysis)も一般化しており(丹後、2002, p. 16)、質のよいメタ分析を大規模に収集しその結果をまとめて情報提供するというコクラン共同計画も存在します。このように、医療分野においては追試が重要な構成要素として位置づけられていることがわかります。

4.　英語教育研究の現状と課題

　第 2 章でも触れたように、医療と教育は様々な点で異なります。そのため、医療分野のメタ分析と同じことを英語教育研究で行うことを期待するのは現実的ではありません。しかしながら、研究の統合の進む他分野との比較を行うことで、英語教育研究が今後克服すべき課題や目指すべき方向が見えてきます。

　ここでは、第 2 章で紹介したエビデンス階層(表 2–1 参照)を使って英語教育研究の現状について考えます。まず、医療分野(EBM)ではランダム化比較試験(RCT)を行うことが重要視されますが、すでに述べられたとおり教育研究において RCT を行うのは現実的ではありません。そこで、語弊があるかもしれませんが、RCT の実施は諦めた上で何ができるかを考えます。

　RCT を行わない前提で、メタ分析による研究の統合を意味のあるものにするために、英語教育研究が今後目指すべき点を 2 つ挙げます。1 つ目は、たとえランダムな割当てでないとしても必ず非実験群(統制群や対照群)を用意することです(表 2–1 の Lv. 3 に該当する研究)。特定の指導法(処遇)に効果があるかどうかを検証するには、同一の学習者に対して処遇前と後にテスト

を実施するだけでは不十分です。処遇前後でスコアに伸びがあったとしても、それが処遇そのものの効果であることを示すためには、同じ処遇を受けていない学習者との比較が不可欠です(この点については第4章で再度触れます)。全国英語教育学会が発行する学術誌 *Annual Review of English Language Education in Japan* (*ARELE*)に最初の24年間で掲載された450本の論文を分析した Mizumoto, Urano, and Maeda (2014)によると、論文中になんらかの数量データを提示している336本のうち、実験群と非実験群を用意したものは28本しかありませんでした(pp. 35–36)。まずはこの割合を増やすことが必要です。

　逆に厳しい言い方をすれば、エビデンスの提供という点で、非実験群を用意しない実験研究には英語教育研究全体への貢献はありません。英語教育研究における介入型の研究では、すでに存在する教室や学習者グループを対象とすることが多く、非実験群を設定するのは容易ではありません。それをわかった上でも、非実験群のない研究はメタ分析の対象にならないこと、そしてそれはその研究が研究の統合という形での分野の発展には貢献できないものであるということに私たちは自覚的であるべきです。

　非実験群が用意できたとしても、RCT でない研究、つまりランダムでない割当てを行った研究では、実験者が想定しない要因がテストスコアに影響を与える可能性も存在します。そのため、個々の研究結果を見てなにか結論を述べることはできません。しかしそのような研究をメタ分析で統合し、その上で一貫してなんらかの効果が観察されれば、それは意味のあるエビデンスと呼べるでしょう。また個々の研究が対象とする独立変数以外にも、従属変数に影響を与える他の要因(調整変数 ; moderator variables)が存在することがあり、それについてもメタ分析である程度検討することが可能です(詳しくは第4章を参照してください)。

　英語教育研究が今後克服すべき2つ目の課題は、変数の統制です。一般的に、処遇に関する変数を独立変数、その効果を表す変数を従属変数と呼びますが、研究の統合を有意義なものにするためには、どちらの変数も合理的に設計する必要があります。具体的に言えば、どちらの変数も他の研究と比較可能なものであることが重要で、もっと言えば他の研究と類似した変数を

用いることが望ましいと言えます。先ほど紹介した Griesdale et al. (2009)
では、メタ分析に含める研究を吟味する段階で、独立変数(強化インスリン療
法実施に際して目標となる具体的な血糖値の指標)と従属変数(患者の生死)の両
方を厳密に定義しています。その上で残った 26 の研究を対象にメタ分析を
行うことで、その結果がどのような処遇に対するどのような効果に関するも
のであるかを明確にしています。一方、英語教育研究のメタ分析では、たと
えば「文法の明示的指導」や「ライティング指導におけるフィードバック」
といった処遇についても、実際には様々な手法が採られているため、仮にメ
タ分析の結果効果が判明したとしても、それに基づいて具体的に「文法の明
示的指導とは、○○に対して△△を××の期間行うことと定義する」といっ
た提案をすることは難しいでしょう。従属変数についても同様です。特定の
指導法について、なにをもって効果があったと宣言できるのかについての合
意がなされない限り、研究の統合は進みません。

5. 追試の重要性

医療と英語教育という 2 つの分野を比較してわかることは、英語教育研
究において追試が極めて少ないということです。追試の重要性はこれまでに
も何度か指摘されていますが、ある領域について、メタ分析を行うのに十分
な数の追試が蓄積されているという状況は SLA や英語教育研究では稀です。
しかし国際的には、学術誌が追試研究に特化したセクションを設けたり、追
試研究に関する文献が出版されたりと、近年、その重要性の認識は国内より
はるかに高いものとなっています (Language Teaching Review Panel, 2008;
Porte, 2012)。国内では英語教育研究におけるメタ分析のガイドラインや解
説が先に整備されつつありますが、研究の内的妥当性を高めた上でメタ分析
を行うためにも、まずは当該分野の追試研究を推進すべきです。

追試研究には、元の研究者がデータの再評価を行う内部(internal)追試と、
別の実験参加者ないしは新しい文脈で行われる外部(external)追試がありま
す(Porte, 2012, p. 7)。また、追試の種類として Language Teaching Review
Panel(2008, pp. 2–3)は、実験参加者も含めすべての要因が同じ状態で行われ

る**厳密**(exact)**追試**、(学習者の熟達度、L1 背景、学習環境のような)主要な変数が異なる**近似的・体系的**(approximate/systematic)**追試**、構成概念の操作化の仕方や研究デザイン、主要ではない変数が異なる**(構成)概念的**(conceptual/constructive)**追試**の 3 つがあると述べています。

　医療分野のメタ分析の例で明らかなように、第二言語の指導効果に関する研究に限らず、英語教育(研究)に対して具体的な提案を行うためには、より特定されたレベルでのメタ分析が求められます。そのためには追試研究の蓄積が欠かせません。

　Abbuhl(2012)は、追試を行う際の重要なステップを以下の順で説明しています。

1. 批判的にレビューを行い、1 つの研究を選ぶ
2. 追試のタイプを決定する
3. 具体的なリサーチ・クエスチョンを立てる
4. 結果を解釈する
5. 結果をまとめる

　追試研究を行おうとする時にまず問題になるのは、「そもそもどの研究を追試するべきか」ということでしょう。1. において問うことが重要だとされているのは、(a)元々のリサーチ・クエスチョンは、まだその分野の関心事項や解決すべき問題となっているか、(b)研究の追試を研究者が呼びかけているか、(c)その研究の強みと弱みは何か、(d)追試が実行可能なものであるかどうかです(Abbuhl, 2012, pp. 300–301)。いずれも、当該追試研究の背景として論文中においても答えるべき問いと言えます。メタ分析を用いるメリットに、一次研究の質に対する波及効果がありますが、この意味において、追試研究も同様の波及効果を持ち得ると言えるでしょう(印南、2012; Norris & Ortega, 2006; Oswald & Plonsky, 2010)。もちろん、再現性を高め、研究の精度を高めていく上で、元の研究と同じ研究者が行う追試(内部追試)も否定されるものではありません(Language Teaching Review Panel, 2008, p. 6)。

6.　日本で追試を増やすためにできること

　英語教育研究分野においても、メタ分析を行い、これまでに何が判明しているのか、何が判明していないのかを総括するのは研究者の重要な責務です。研究の統合、とくに統計的メタ分析が果たす役割は大きく、この分野においてメタ分析が一般化しつつあるのは喜ばしいことです。その一方で、英語教育研究の主要な目的の一つは教育実践に何らかの示唆を提供することであることも軽視されるべきではありません。英語教育の分野でこれまで行われてきたメタ分析による研究の統合は、残念ながら具体的な提案となるまでには至らないものが大半です。英語教育研究では共通の独立変数や従属変数を用いた追試が少なく（なぜ追試が少ないのかについては補章で議論します）、メタ分析に含める研究をある程度確保するため、変数を厳密に絞らない形で分析を行うことになり、最終的に統合された内容が具体性を伴わなくなってしまうと言ってもよいでしょう。

　英語教育研究分野においてより具体的な提案を行えるようなメタ分析を行うためには、主要な一次研究について多くの追試が行われ、報告されることが重要になります。そのため、日本においても英語教育の分野で広く追試を推奨すべきであり、学会でも追試研究の活性化を促すために何らかの貢献を行うことが求められるでしょう。そのためには、たとえば *Language Teaching* 誌がすでに実践しているように、学会誌においても追試論文を掲載するためのセクションを設け、積極的な投稿を促すことも必要になるかもしれません。別途セクションを用意しないとしても、学会としてまたは学会誌として追試論文を歓迎する旨のメッセージを発信したり、通常の一次研究とは別に追試論文のための審査基準を用意したりしてもよいでしょう。学会の年次大会や研究会においても、たとえば大学院生や初心者向けのワークショップの中で、追試研究の報告をする場を用意することも可能です。このように学会として追試研究の実施を盛り上げることが、最終的には英語教育研究全体の発展につながると信じています。

　大学や大学院といった将来の研究者を育てる機関においても、追試研究

の普及に貢献できることは多くあります。たとえば、大学院進学を予定している学部生の卒業論文や、大学院博士課程への進学を考えている修士課程の院生の修士論文に追試研究を採用することも可能でしょう。指導法の比較といった介入型の実験研究を学生が行う場合、中学や高校で実際の学習者を対象にすることは難しいかもしれませんが、たとえば大学生を対象に協力者を募って実験に参加してもらうことなどは可能でしょう。厳密な追試の実施は困難であるとしても、先行研究のうち主要な変数（たとえば学習者や対象とする言語項目など）を一つ変更した近似的追試を行うことはそれほど難しいことではありません。変更した変数以外は元の研究と同一とすることで、データ収集方法などのノウハウを先行研究から借りることもでき、効率よくデータ収集や分析の訓練を行うことにもつながるでしょう。先に提案したとおり学会が追試研究を発表する場を設置してくれれば、追試研究を行った卒業論文や修士論文も研究業績として認めやすくなり、追試論文として公刊されることでその後メタ分析の手法を用いて研究を統合する際に貴重な資料となり得ます。

　最後に、英語教育研究分野全体が協力して測定方法の確立を目指すことも重要です。本章で紹介したとおり、医療分野においては治療法の操作的定義はもちろん、治療効果の測定方法についても共通の指標が用いられることがほとんどです。その結果メタ分析が実施しやすくなり、さらにより厳密かつ具体的な提案が可能となっていることはすでに指摘したとおりです。英語教育研究においても、たとえば学習者の持つ暗示的知識の測定方法などについて研究の充実が見られます（たとえば Ellis et al., 2009）。このような分野においては、むやみに新しい測定方法を提案するのではなく、関連する先行研究で用いられている測定方法を積極的に再利用することで、研究の統合がしやすくなります。また、測定方法において研究者間で十分な合意が得られていない分野については、方法論そのものを検討する研究が多く行われることも重要です。研究者グループや学会が主導して測定道具（テスト・バッテリー）を開発し、それを公開することで広く活用してもらうということも必要でしょう。

　日本国内に限定した話ではありませんが、外国語習得および教育に関わ

る研究者が国際的に協力して運営する IRIS（Digital Repository of Instruments and Materials for Research into Second Languages; https://iris-database.org）というデータベースが存在します。このデータベースには、研究者が実際に研究で使用したテストや教授資料などが随時アップロードされており、他の研究者が自由にダウンロードして利用することができます。第 2 章注 3（p. 032）にあるように、IRIS はコクラン共同計画のようにエビデンスの蓄積を目的にしたデータベースではありません。しかしながら、実際に研究で使った測定具などの資材を共有することで、同一の変数を設定した研究の活性化が期待できます。このような取組みに参加することで、多くの研究が互いに比較しやすくなり、将来的な研究の統合に貢献することができます。

7. おわりに

　本章の目的は、英語教育研究においてこれまでに行われてきたメタ分析の意義を否定することではありません。むしろ、Norris and Ortega（2000）をはじめとして多くのメタ分析が報告されてきたからこそ、医学研究のような他分野と比較したとき外国語教育研究に足りないものが明らかになったと言えます。英語教育研究の扱うテーマは多様であり、そのすべてに（英語）教育への直接的な貢献が求められるものではありません。しかしながら、たとえば指導の効果に関する研究のように、その成果から教育に対して何らかの示唆を与えることが期待される研究テーマは少なくありません。英語教育研究が教育実践に対して具体的な提案を行っていくためにも、今後多くの追試が行われる必要があり、そのためには学会や研究機関なども合わせて研究者同士が協力しながら追試を支えていくことが不可欠です。

第4章

メタ分析の調整変数と
アウトカムを測る従属変数

専門用語としての「エビデンス」は、第2章で詳しく解説されているとおり、ある事象(処遇・介入)が、別の事象(アウトカム)を引き起こす原因、もしくは別の現象に影響を及ぼす要因だという推論に寄与する分析結果を指します。本章では、メタ分析において意味のある調整変数を明らかにすること、さらにそのためには、アウトカムを測る変数、つまり結果を示すためのテスト等の検討が欠かせないことを論じます。

1. 調整変数とは

第3章で述べたように、メタ分析、あるいはその統合の元をなす一次研究にとって重要となるのは、まず、結果を説明する要因としての処遇・介入（その意味で**説明変数**と呼ばれ、あるいは他に依存せず独立に値を取るという意味で**独立変数**［independent variables］と呼ばれます）、およびそれ以外に結果に影響を及ぼし得る**共変量**（covariates）の検討です。

たとえば、宿題を課すこと（独立変数）は平均して $d = 0.29$, つまり偏差値換算で3程度成績を伸ばすというエビデンスがあります（ハッティ、2018, pp. 248–250. 第3章で例示した「リスク比」に対し、ここでは効果を示す指標として、2群の平均値差を標準偏差で割った d が用いられています）。この場合、成績（が上がったり下がったりすること）が宿題の影響を被るアウトカムです。それを測る手段を**結果変数**、もしくは「宿題を課すこと」という独立変数によって値が決まるという意味で**従属変数**（dependent variables）と呼びます。授業の理解度や教師との関係など、成績に影響を与える要因（**共変量**）がほかにもあるのは言うまでもありません。もっと言えば親の教育熱心さなどの家庭環境が宿題への取組み方を大きく左右するかもしれません。

実際、ランダム化比較試験（RCT）が何をしているかと言えば、処遇群と統制群とをランダムに振り分けることで、授業の理解度が低い生徒や宿題に対する保護者の意識が高い家庭の生徒がどちらかに偏ることを防ぎ、こうした他の要因によって生じる差を消すことにほかなりません（第5章参照）。それによって、宿題を課すか課さないかという独立変数の違いによってもたらされた効果のみを明らかにすることができるというわけです。

政策的判断の合理性を高めるエビデンスとしては、これだけでも十分役に立つ場合があります。かつてニューヨークの公立小学校がそういう判断を下したように、この程度の効果ではそれを続けるコストに見合わないと判断するか、他により多くのメリットが見出されるとなれば、宿題の廃止の決定が正当化されるでしょう[1]。

---

[1] Holland, H. (2015). A New York City public school is abolishing homework and telling kids

　あるいは、同じハッティ(2018)で示されている限りでは、教職員が家庭訪問すること(独立変数)で得られる効果は宿題を課す場合と同じ $d = 0.29$ です(pp. 109–110)。どちらもまだ実施していない自治体がどちらかを選ぶ、あるいは様々な事情からどちらかを止める必要がある状況であれば、よりコストが低いと判断される宿題を選んだり残したりする選択が正当化されるでしょう。

　とはいえ、ランダム化によって両群に生じる差が消されただけで、他の要因の存在自体がなくなったわけではありませんから、特定の児童・生徒に宿題を課したからといって成績が必ず偏差値換算で 3 程度伸びるとは限りません。さらに言えば、「どの教科どういう宿題かによって効果は変わってくるし、小学生に課すのか高校生に課すのかでも成績への影響は違うんじゃないの?!」と多くの方が思うのではないでしょうか。実際にそうなのです。

　ハッティ(2018)のまとめに従えば、高校生は中学生の 2 倍、中学生は小学生の 2 倍高い効果があり、理科と社会が最も効果が高く、一方、費やす時間とは負の相関がある(ただし、小学生については相関はほぼゼロ)ということが示されています。こうした違いに基づいて、先ほどのニューヨークの例のように、宿題を課すかどうかに関する判断をより適切に下すことができると言えます。

　ここでの「学校段階」、「教科」、「費やす時間」など、独立変数と従属変数の関係に影響を与える要因を**調整変数**(moderator variables)と呼びます(山田・井上、2012)。研究成果を実際に政策的・実践的判断に用いる際には、その平均的な効果をより高める(弱める)調整変数を明らかにすることが重要になるわけです。

　次節では、第二言語習得・外国語教育研究の事例をもとに、この調整変数がどのようなものかを具体的に見ていきましょう。

---

to play instead. *Business Insider*, Mar 7, 2015. Retrieved from https://www.businessinsider.com/new-york-city-public-school-banished-homework-2015–3(2021 年 5 月 8 日アクセス)。ただし、公立小学校での決定ですから、まさに調整変数も考慮に入れた判断であることに注意してください。

2. 第二言語習得・外国語教育研究のメタ分析の概観

　第二言語習得(SLA)研究のメタ分析の先駆けとなったのが、Norris and Ortega (2000) です。この研究の背景には、クラッシェン(Stephen Krashen)が提示した「モニターモデル」における「習得・学習仮説」があります。周知のとおり、この仮説によれば、習得は無意識の内に起こるプロセスであり、自覚的・意識的に学ぶ学習とはまったく関係がないとされます。SLA 研究では長く影響力を有する理論であったため、彼らは、第二言語を明示的に教えることに効果があるのかどうかを確かめるべくメタ分析を行ったというわけです。

　Norris and Ortega (2000)について簡単にまとめておきます(メタ分析の手順については第3章を参照)。彼らは 1980 年から 1998 年の間に公刊された 250 以上の論文の中で、(計算に必要な統計量が示されているなど)メタ分析の基準を満たす 49 の研究を分析しました。49 の研究に含まれる 98 の処遇について、**明示的**(explicit)**指導**と**非明示的**(implicit)**指導**の効果を検討しています。1 本の論文の中に複数の研究が含まれている場合もあり、実験群と対照群で比較を行っていれば 2 つの処遇が存在することになるので、このような数え方になるわけです(以下、研究の数を n で示し、処遇の数を k で示します)。

　ここでの「明示的」の定義は、(a)たとえば「過去形を使いましょう」とか「ここでは have ＋過去分詞の形(現在完了)を使います」といった形で演繹的・メタ言語的にルールの説明を行うか、あるいは(b)「動詞の後ろに何かついていることに気づきますか?」、「共通するパターンは何でしょう」のように、(プリントや黒板に書いておくなどして)形式に注意を向けて帰納的に規則へと誘導するかのいずれかとされています。この定義に当てはまる処遇が 69(40 の研究中)ありました。内訳は(a)が 44 で、(b)が 25 です。

　これに対して、提示される英文や、教師や他の学習者が用いる英語に動詞の過去形や have ＋過去分詞のパターンが何度も現れ、それに触れる中で暗示的に過去時制や現在完了の用法が学習者に習得されるような指導法を「非

明示的」としています。非明示的指導に分類される処遇は(19 の研究中)29
ありました。

　メタ分析によって両指導法を比べたところ、明示的指導のほうが効果量
が大きい(明示的指導の平均 d = 1.13 [0.93, 1.33]に対して、非明示的指導は d =
0.54 [0.26, 0.82])という結果が得られました[2]。どちらも何らかの効果が見ら
れることが確認され、明示的指導は平均して偏差値換算で 6 程度上回る効
果があるということになります。

　Norris and Ortega (2000)以降、SLA・外国語教育研究の分野でも様々な
トピックについてメタ分析が行われるようになりました。一つの指標として、
北アリゾナ大学のプロンスキー(Luke Plonsky)による応用言語学のメタ分析
のリストがあります[3]。彼自身が 2010 年にこの分野でのメタ分析の急増を
指摘し、方略指導のメタ分析をはじめとして、その後の多くのメタ分析研究
に携わっている人です(Oswald & Plonsky, 2010; Plonsky, 2011)。彼のリスト
には、2014 年 9 月の段階では 187 本が掲載されていましたが、2021 年 5
月 8 日現在で 550 本に上っています。

　先ほど例に挙げた過去形に関して、たとえば学習者が "I go to the library
yesterday." と言ったときに、"Oh, you went to the library?" というような形
でフィードバックを返すことを**訂正フィードバック**(corrective feedback)と呼
び、「そこは go ではなく went を使います」といった明示的訂正とは区別し
ます。Plonsky and Brown (2014)では、この訂正フィードバック研究につい
てのメタ分析研究が 13 もあり、その結果が d = –0.16 から d = 1.16 までに
及ぶことが指摘されています。

　Norris and Ortega (2000)以降の研究では、なぜ上のようなバラバラの結
果がもたらされるのかが考察されたり、この分野の方法論がレビューされた
りしています (Kusanagi, Mizumoto, & Takeuchi, 2015; Mizumoto, Urano, &

---

[2] [　　]内にはそれぞれの 95% 信頼区間の下限と上限を表しています。信頼区間とは母集団の
　値——この場合は明示的指導と非明示的指導それぞれの一般的効果——を確率的な整合性(この
　場合 95%)によって区間推定したもので、この範囲が狭いほど推定の精度が高いと言えます。
　信頼区間の下限と上限がそれぞれ正負の値を取る場合、仮に効果量の点推定値が正の値であっ
　ても、効果の有無について確かなことはわからないと判断できます。第 3 章 3 節も参照。

[3] lukeplonsky.wordpress.com/bibliographies/meta-analysis/

Maeda, 2014; Plonsky, 2014）。そこでは、平均値に依存しすぎであることや、そもそも効果量を報告するためのデータが全然足りず、帰無仮説主義（第 1 章参照）に偏りすぎで、検定力も不足している傾向などが指摘されています。

　一方で、Norris and Ortega（2000）の結果についてはどうでしょうか。この結果からゆるぎなく、英語の授業では「明示的に文法を教えたほうがよい」という示唆が導かれるのでしょうか。次節では、Norris and Ortega（2000）を再検討した研究を見てみましょう。

3.　メタ分析のアップデートと調整変数

　Norris and Ortega（2000）以降、様々なトピックについてのメタ分析が行われただけでなく、彼らのメタ分析をアップデートし、意味のある調整変数を明らかにすることを試みたメタ分析研究も行われています。

　たとえば Spada and Tomita（2010）は、1990 年から 2006 年の 30 の研究のメタ分析を行い、英語に関する指導のタイプと文法素性のタイプの交互作用を検討しています。指導の効果にフォーカスを当てた研究の大半は 90 年代以降のものであるという Norris and Ortega（2000）の知見に基づいて 80 年代の文献はカットされていますが、ここには Norris and Ortega（2000）のメタ分析に含まれていた 10 の研究が含まれています。

　Norris and Ortega（2000）に含まれる研究との重複は 5 にとどまりますが、文法学習に対する訂正フィードバックの効果を分析した Russell and Spada（2006）も、部分的には彼らの後継研究と見なすことができるでしょう。

　より直接的に Norris and Ortega（2000）を引き継いだ研究としては、Goo, Granena, Yilmaz, and Novella（2015）があります。明示的指導と非明示的指導を直接比較した Norris and Ortega（2000）の 11 研究に、1999 年から 2011 年までの間の 23 研究を加えた 34 研究を分析し、6 つの調整変数を検討しています。

　いずれの研究も、非明示的指導より明示的指導のほうが効果が大きいことを示しています。しかし、これらの研究が有効な調整変数を明らかにすることに成功しているかと言えばそうではありません。

　Spada and Tomita (2010) は、41 の処遇(30 の研究中)を、英語の文法素性として単純(k = 17)か複雑か(k = 24)という基準で分けています。つまり「文法項目の複雑さ」が調整変数というわけです。予測されるのは、複雑な素性ほど明示的指導のメリットが発揮されるのではないかということです。しかし、両者の間に有意な指導効果の差は見られませんでした。なぜかと言えば、彼女らがその基準としたのが形態統語的な操作の数であったためです。

　この研究は、過去時制や複数形のように、「-ed/-s をつける」といった操作が１つであれば「単純な素性」、疑問文や関係詞節を作るように、その操作が２つ以上であれば「複雑な素性」と分類しています。この基準では、冠詞は(表面上は名詞句の先頭に置くだけなので)単純な素性に分類されますが、冠詞が習得の難しい項目であることは外国語として英語を学ぶ者の誰しもが経験的に知るところです。冠詞を分類するためには、構造上、名詞句の主要部として、意味的には定性の表示に関わり、テクストの一貫性や強調といった機能に寄与する冠詞の言語学的特徴をもっと掘り下げて分析する必要があると言えます。複雑な素性とされる疑問文や受動態についても、運用時に、Spada and Tomita (2010) が想定するような操作を学習者が本当にしているのかについて心理言語学的な検討が必要でしょう。何が意味のある調整変数となり得るかについては、対象領域の十分な知識が求められます。

　一方、Goo, Granena, Yilmaz, and Novella (2015) は、以下の 6 つの調整変数を検討していますが、処遇数の偏りもあり、意味のある調整変数として結果を示すことができたのは(ii), (iii), (iv)のみでした。

（ⅰ）　環境(実験、準実験)
（ⅱ）　指導のモード(口頭、書き言葉、その組合せ)
（ⅲ）　研究のタイプ(フィードバック有り、フィードバック無し、その組合せ)
（ⅳ）　学習の文脈(外国語環境、第二言語環境)
（ⅴ）　ターゲット(文法、語彙、語用論)
（ⅵ）　従属変数のタイプ(メタ言語的判断、選択的応答、制約のある構成的応答、
　　　　制約なしの構成的応答、その組合せ)

　結果を示せたと言っても、明確な違いは(ⅳ)の、第二言語環境より外国語環境のほうがいずれの指導の効果も大きい(より効果の大きい明示的指導では、

前者がHedge's g = 0.645 [0.279, 1.011]であるのに対して後者はg = 1.572 [1.042, 2.102])ということのみです(Hedge's gは、dに対してサンプルサイズによる影響の補正を行ったものです。推測統計では基本的にHedge's gを用いるので、Hedge's gをdと表記しているものもあるようです)。(ii)については、明示的指導・非明示的指導のどちらについても、口頭だけよりも、口頭と書き言葉を組み合わせた指導のほうが効果があるという、ある種自明の結果で、非明示的な指導については直後事後テストでは差が見られませんでした。(iii)についても、フィードバックに効果ないしは効果の差が見られたのではなく、フィードバックがあったりなかったり、様々な活動の組合せが最も効果が大きいという結果です。

　Goo, Granena, Yilmaz, and Novella (2015)の調整変数でまず気になるのは、(v)の分類の粗さです。彼らは文法と語用論という分け方をしていますが、先ほどSpada and Tomita (2010)について指摘したように、文法と一口に言っても、音韻論的側面から形態的側面、統語的側面、意味論的側面まで様々です。学習者にとって文法を学ぶ際の難しさ(あるいは学びやすさ)をもたらすのは、その内容であったり、例文や文脈の有無、配列、ルールの与え方(先に提示するのか、まとめとして与えるか)といった要因なのではないでしょうか。

　Norris and Ortega (2000)がカバーした範囲に部分的に重なるメタ分析研究はほかにもありますが、総じて言えるのは、どのような指導上の介入も、うまくやれば何もしないよりマシということ以上の調整変数を明らかにできていないということです。Watari and Mizushima (2016)では、こうした疑問に答えるべく、Norris and Ortega (2000)に始まるメタ分析の再検討を行いました。

4. メタ分析の再分析の具体例

　ここでは、具体的にWatari and Mizushima (2016)の手順と結果を見ていきましょう。

　この研究では、上掲のRussell and Spada (2006)、Spada and Tomita (2010)、Goo, Granena, Yilmaz, and Novella (2015) の 99 研究(うち 26 研究が Norris

& Ortega, 2000 に含まれていたもの)に加え、(iv)の「学習の文脈」について日本で行われた研究も含めて検討すべく、Mizumoto, Urano, and Maeda (2014)と Kusanagi, Mizumoto, and Takeuchi (2015)で分析された国内の 83 研究の再分析を行いました[4]。

- 明示的指導と非明示的指導を直接比較したもののみを分析に含める
- 文法のターゲットがあるもののみを分析に含め、語彙をターゲットとする研究を除外する
- 明示的指導群に対して、L1 と L2 の対比を含め、何らかの明示的なルールの説明がある研究を分析に含め、文法用語をフィードバックとして与えるだけの研究を除外する
- 2 群を比べる効果量を計算するために必要な情報を報告している研究のみを分析に含める

教育文法の観点から明示的指導にとって意味のある調整変数を明らかにすべく、上の適格性基準を満たす 45 の研究の 80 の処遇を分析しました(上記の国内の 83 研究のうち、基準を満たすものは 4 しかありませんでした。すなわち、分析対象となったのは先行メタ分析の 41/99 研究と国内誌の 4/83 研究ということになります)。1 つの研究に明示的指導と非明示的指導の処遇が複数あった場合、それぞれ、ルール提示の明示性の度合いが最も強い群を明示的指導群と見なし、非明示的指導に分類された中で明示性以外の条件の違いが最も少ないものを非明示的指導群と見なしました。　さらに Watari and Mizushima (2016)では、処遇から遅延事後テストの間に他の要因の影響を受ける可能性があるため、直後テストの結果のみを検討しています。言わば、明示的指導にとって最も有利な状況での効果を見ようというわけです。

筆頭著者(私)が、先行研究(Watari, 2014)に基づいて最初の論文を分析し、その結果と分析枠組みを第 2 著者と共有しました。第 1 著者は残り 44 研究すべてを分析し、第 2 著者はランダムに抽出された 8 研究(全体の 17.78%)を分析しました。評定者間信頼性(この場合、カテゴリー評価の一致度)を示す

---

[4] 再分析に含められた一次研究のリスト、および分析に使用したデータは https://www.watariyoichi. net/research/themes/ebee/ で公開しています。

Cohen's kappa は .801 で、評価者間で十分な一致を示していると判断しました。

Watari and Mizushima（2016）では、Goo, Granena, Yilmaz, and Novella（2015）を踏まえつつ、以下の 8 つの調整変数を検討しています。

（ⅰ） 目標言語
（ⅱ） 学習の文脈（外国語環境、第二言語環境、継承言語）
（ⅲ） ターゲットの言語学的側面（音韻的、形態的、統語的、語用論的側面）
（ⅳ） 指導のモード（口頭、書き言葉、その組合せ）
（ⅴ） ルール提示のタイミング（前もって、途中で、まとめとして）
（ⅵ） どこまで説明するか（形式、意味、機能）
（ⅶ） 従属変数のモード（話し言葉、書き言葉×受容、産出）
（ⅷ） 従属変数に対する応答の仕方（メタ言語的判断、多肢選択、語句、文、談話、メタ言語的説明[L1 への訳出を含む]）

分析には Langtest Web Application を用いています（Mizumoto, 2015; Mizumoto & Plonsky, 2015）。効果量は、全体の平均の 10 倍以上大きい極端な効果量を示す研究 1 つを外れ値として除き、ランダム効果モデルで Hedge's g を産出し、各調整変数による効果の差（異質性）を Q 統計量というものによって評価する検定を行いました（異質性の検定についてはグリム・ヤーノルド、2016 などを参照）。ファンネル・プロットの検討により、**出版バイアス**は見られないことを確認しています（t (77) = 0.44, p = 0.66, fail-safe N = 3781）。

45 の研究は 50 群からなり、実験協力者は 12 人から 133 人までの平均 47.29 人、標準偏差 29.77（明示的指導群が M = 24.53, SD = 16.51、非明示的指導が M = 22.76, SD = 14.44）で、外れ値を除いた 79 の処遇は研究あたり平均 1.79、標準偏差 1.01 でした。1988 年と 1989 年の研究が 2、1990 年代の研究が 16、2000 年代の研究が 23、2010 年から 2012 年までの研究が 4 です。

全体の効果量は g = 0.43 [0.28, 057] で、明示的指導のほうが効果量が大きいという従来の結果が支持されました（表 4–1）。しかし、時間を割いて文法を教えて意味があると声を大にして言えるかどうかは微妙な数字と言える

変数	k	平均 g	SE[5]	p	95% 信頼区間 Lower	Upper	Q(Qb)	p
全体	79	0.43	0.07	< .001	0.28	0.57	330.98	< .001
目標言語							14.10	.08
第二言語としての英語	23	0.61	0.14	< .001	0.34	0.88		
外国語としての英語	22	0.52	0.13	< .001	0.26	0.79		
スペイン語	12	−0.01	0.19	.95	−0.38	0.35		
フランス語	6	0.29	0.26	.26	−0.22	0.79		
第二言語としてのドイツ語	4	0.30	0.30	.31	−0.28	0.89		
フィンランド語	4	0.99	0.37	< .01	0.26	1.72		
イタリア語	3	0.56	0.38	.14	−0.19	1.31		
人工言語	3	0.45	0.35	.21	−0.24	1.13		
韓国語	2	−0.47	0.49	.33	−1.43	0.48		

表 4–1　全体および目標言語ごとの明示的指導の効果

でしょう(ハッティ、2018 の監訳者解説を参照)。さらに、数が多く安定した結果が得られているのは目標言語が英語の研究のみで、他の言語のうちフィンランド語以外(スペイン語、フランス語、第二言語としてのドイツ語、イタリア語、人工言語、韓国語)は、効果量の 95% 信頼区間において、0 を挟んで下限がマイナスに及んでいます(言語間で Q 検定に有意差は無し)。つまり、これらの言語について確かなことはまだわからないということです。

　調整変数については、(iii)と(vi)に意味のある差が見つかりました。(iii)については、音韻的側面($g = 1.18\,[0.14, 2.22]$)と語用論的側面($g = 0.98\,[0.49, 1.47]$)をターゲットにした指導のほうが、形態的側面($g = 0.29\,[0.08, 0.49]$)、統語的側面($g = 0.44\,[0.22, 0.66]$)より効果が高いという結果が示されました($Q(3) = 8.68, p < .05$)。前者については処遇の数が少ないのがネックですが、明示的文法指導は、過去形の -ed であるとか三単現や複数形の -s といった形態素のルールより、音声面や言語使用面のルールにフォーカスを当てたほ

---

[5] 標準誤差(standard errors)。ある推定値——この場合、平均 g——が取りうるであろうサンプルによるばらつきの大きさを表す指標で、この値が大きいほど結果のばらつきが大きいということを示します。

うが効果を発揮しやすいということは言えそうです。

（vi）についても同様に、形式のみを説明する（$g = 0.27\,[0.08, 0.47]$）より、意味の面まで説明し（$g = 0.57\,[0.30, 0.84]$）、さらにはその機能にまで触れた指導（$g = 0.80\,[0.37, 1.22]$）のほうが効果が大きいことが明らかになりました（$Q(2) = 6.36, p < .05$）。語用論的側面についてはもちろん、形態的・統語的側面を教えるとしても、機能的説明にまで踏み込んだほうが、学習者が文法指導からより多くのメリットを享受できると言えるでしょう。

興味深いのは、（ii）について、Goo, Granena, Yilmaz, and Novella (2015)の結果が再現されなかったということです（表4–2）。Q検定での有意差はありませんが、第二言語環境下で $g = 0.55\,[0.30, 0.80]$、外国語環境下で $g =$

変数	k	平均g	SE	p	95% 信頼区間		群間比較	
					Lower	Upper	Q_b	p
学習の文脈							4.47	.11
外国語環境	50	0.39	0.09	< .001	0.21	0.57		
第二言語環境	27	0.55	0.12	< .001	0.30	0.80		
継承言語	2	−0.47	0.49	.34	−1.44	0.49		

表4–2　学習の文脈ごとの明示的指導の効果

$0.39\,[0.21, 0.57]$という結果が示され、外国語環境のほうが明示的文法指導の効果があると断定はできなくなってしまいました。学習に影響を与える「（言語）環境」とはどういうものかということについて、再度検討を要すると言えるでしょう。

表4–3に示されているとおり、（iv）については、第二言語環境の英語の指導についてのみ、口頭だけでの指導（$g = 0.30\,[0.05, 0.55]$）より、書き言葉での指導（$g = 0.98\,[0.56, 1.39]$）、もしくはその組合せの指導（$g = 0.95\,[0.66, 1.24]$）の効果が大きいということが示されました（$Q(2) = 13.83, p < .005$）。全体もしくは、外国語環境での英語の指導においては、このような差は認められません。外国語環境でも両者を組み合わせた指導にのみプラスの効果が見られる（$g = 0.61\,[0.11, 1.11]$）ので、いずれにせよ両方が必要というのはGoo, Granena, Yilmaz, and Novella (2015)と一致する結果ですが、なぜこのような違いがもたらされるのかについては今後更なる分析が必要です。日

変数	k^6	平均 g	SE	p	95% 信頼区間		群間比較	
					Lower	Upper	Q_b	p
指導のモード全体							0.30	.86
口頭	20	0.33	0.15	< .05	0.02	0.63		
書き言葉	38	0.43	0.11	< .001	0.22	0.64		
両方の組合せ	19	0.42	0.15	< .01	0.12	0.71		
第二言語として の英語	23						13.83	< .005
口頭	13	0.30	0.13	< .05	0.05	0.55		
書き言葉	3	0.98	0.21	< .001	0.56	1.39		
両方の組合せ	7	0.95	0.15	< .001	0.66	1.24		
外国語としての 英語	22						0.24	.89
口頭	4	0.52	0.41	.21	−0.29	1.33		
書き言葉	9	0.42	0.30	.16	−0.16	1.00		
両方の組合せ	10	0.61	0.26	< .05	0.11	1.11		

表 4–3　指導のモードごとの明示的指導の効果（全体・英語を目標言語とするもの）

常的に英語が使用されているという第二言語環境の特性が、仮に指導が書き言葉のみであったとしても「口頭」の部分を補うからでしょうか。

　(v)については、まとめとしてルールを提示するのが、理屈としては直後テストの直前という意味でも最も効果が大きいように思えます。実際、前もって提示($g = 0.39$ [0.17, 0.61])、途中で提示($g = 0.34$ [0.11, 0.58])、さらには前もって示し途中でも提示($g = 0.44$ [−0.01, 0.90])より、まとめとして提示する($g = 0.96$ [0.45, 1.46])ほうが大きい効果を示したのですが、処遇の数が圧倒的に少ないこともあり($k = 6$)、Q 検定で有意な差は見られませんでした。これは SLA 研究が演繹的ルール提示と形成的フィードバックの研究に偏っているためであり、様々なルール提示のタイミングについてもっと一次研究や追研究が必要だと言えます。

　(vii)と(viii)については、書き言葉のテストに偏っている上に、従属変数の尺度がバラバラであるという問題があり、明確な示唆を得ることはできませんでした。本章では最後にこの点を取り上げます。

6　2つの研究においてこの変数は報告されていない。

5. 問われる従属変数

　メタ分析の結果を参照する際、注意が必要なのは、メタ分析は尺度の中身を問わないということです。効果量は群間での平均値の差（を標準化したもの）、もしくは変数間の相関の強さにすぎませんから、期末試験の得点や教師による印象評価、児童・生徒の自己評価といった指標が並んでいても算出された効果量からメタ分析を行うことができてしまいます。

　エビデンスとして活用される際も、たとえば 1 節で挙げた「宿題の効果量は平均で $d = 0.29$」、あるいは「宿題を課すことは平均して偏差値 3 程度成績を上げる」という結果が持ち出されると、その「成績」がどうやって測られたかが問われない傾向があります。しかし、メタ分析、あるいはそれが行われていること自体は、アウトカム（成果指標）の客観性や妥当性を保証しないということに注意が必要です。

　実は、そもそものNorris and Ortega (2000)に対して、この問題が指摘されているのです（Shin, 2010; 亘理、2014）。このメタ分析に含められた一次研究を見てみると、実験デザインや測定法の異なる研究が多数混在していることがわかります。

　たとえばNorris and Ortega (2000)が分析対象としているLeow (1998)とDeKeyser (1997)という 2 つの論文はスペイン語と人工言語という対象言語の違いはありますが、どちらも人称・性・数を対象文法項目とする、類似の指導研究と見なすことができます。Leow (1998)は、文法形式への接触量の違いと指導法の違いの組合せによる 4 グループ 88 名（2 節で紹介したNorris & Ortega, 2000 の分類では実験群が(b)で比較群が(a)の指導法に該当）に対して、選択式の文完成テストと、与えられた動詞の語形を変化させる空欄補充テストを行い、それぞれについて正答数を得点として平均と標準偏差を報告しています。それに対してDeKeyser (1997)は、指導順序・項目ごとの練習量が異なる 3 グループ 61 名（実験群も比較群も(a)の指導法に該当）に対して写真・イラストと文を対応させるテストを行い、反応時間（ミリ秒）と誤答数について平均と標準偏差を報告しているのです。L2 の文法習得に関して、両研究

が測っているものは同じであると言えるでしょうか。また、メタ分析によっ
て統合することに意味があると言えるでしょうか。

　これはやや極端な例としても、メタ分析における"apples and oranges
problem"（多様な研究がごちゃ混ぜにされていること）として古くから指摘され
ている問題です（山田・井上、2012, pp. 29–30）。このような状況では、メタ
分析によって知見を統合するメリットはどうしても限定的になってしまいま
す。つまり、本章ではあえて順序を逆にして述べてきましたが、4 節で述べ
たような意味のある調整変数を明らかにしようとする作業は本来、内的妥当
性の高い一次研究に基づくメタ分析を前提とするのです。第 8 章で詳しく
論じるように、今後は、共通尺度の開発も含め、メタ分析に耐え得る一次研
究の蓄積が求められると言えるでしょう。

　アウトカム（成果指標）こそが教師、あるいは政策立案者の判断を強く規定
していることを踏まえれば、エビデンスの活用においても、一次研究の従属
変数の妥当性にはもっと懐疑的眼差しを向けることが求められます。たとえ
ば、文部科学省は毎年、「英語教育実施状況調査」の結果において「生徒の
英語を用いた言語活動時間の割合」を報告しています。しかし、75％ 以上、
50〜75％、25〜50％、25％未満という区分での教師の主観的報告による報
告がどの程度の妥当性を持つのか、さらにそれを都道府県・都市別に比較す
ることにどの程度意味があるのかよく考えてみるべきでしょう。まず、授業
における英語使用量の調べ方それ自体が検討を要する問題であり、その粒度
の適否は目的によって異なってくるでしょう（Amano & Watari, 2020）。

　技術的にはこの結果を、実際に生徒が英語を用いて活動している時間を
秒単位で計測した研究結果と統合することもできてしまいます。しかしそれ
が、授業での実際の英語使用時間についてどれほど妥当性のある情報を教え
てくれると言うのでしょう。仮にその問題が解決したとしても、英語使用時
間が長くなったから何なのか（英語教育・学習にとってどういう意味がある
のか）という問いは十分に成り立つのです。調整変数を推し量るにせよ、従
属変数の妥当性を問うにせよ、対象領域についての理論的・実践的理解が不
可欠だと言えます。

*本章は、亘理(2014)および亘理(2020)に基づきます。2、4、5節の内容の一部は、山森ほか(2019)で発表し、山森ほか(2021)として刊行されるものに加筆修正を加えたものです。また、ここで詳細をまとめた Watari and Mizushima（2016）は、科学研究費補助金(16H05941，代表：亘理陽一)の助成を受けたものです。

第5章

よいエビデンスを得るための
リサーチデザイン
——外的妥当性・内的妥当性をいかに向上させるか

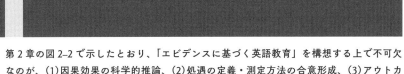

第2章の図2-2で示したとおり、「エビデンスに基づく英語教育」を構想する上で不可欠なのが、(1)因果効果の科学的推論、(2)処遇の定義・測定方法の合意形成、(3)アウトカムの定義・測定方法の合意形成です。そのうち形式的に論じやすい(1)に本章では焦点化し、そのコアを成す原理である内的妥当性・外的妥当性について具体的に論じたいと思います。

1. エビデンス階層

1.1 階層を構成する 2 つの原理

　具体的な議論に入る前に、エビデンス階層と内的妥当性・外的妥当性の関係をあらためて確認しましょう(ちなみに、この 2 つの妥当性は、表現が似ているので紛らわしいですが、「構成概念妥当性」(の諸側面)とは別物です)。

　第 2 章で論じたとおり、**エビデンス階層**は、エビデンスを質にしたがって格付けするシステムです。格付けを構成する 2 つの原理が**内的妥当性・外的妥当性**で、これらがそれぞれ高いほどよいエビデンスということになります。両者はまったく別種の原理ですが、あえて共通点を見出すと、推定におけるバイアスの低減に関わるという点で似ています。つまり、内的妥当性は因果効果における選択バイアスに、外的妥当性は被験者(あるいは調査参加者)のサンプリング・バイアスにそれぞれ対応するものだと言えます。

　バイアスの低減には、大別して 2 つのアプローチがあります。1 つが、確率の力、すなわちランダムネスを利用した非人為的な方法であり、もう 1 つが、事後的に様々な工夫を行うことによる非確率的かつ人為的な方法です。一般的に言って、バイアスを確率的に評価できる前者が圧倒的に強力であり、後者は、様々な仮定に基づきながら分析結果を構成するため、どうしても恣意的な部分が残ります。

　以上を整理すると次ページの表 5–1 のようになります。バイアスの制御方法を、「内的妥当性 vs. 外的妥当性」と「確率的 vs. 非確率的(＝人為的)」という観点で整理しています。なお、表中の I は、internal (validity) の頭文字を意味します。同様に、E は external (validity) を、P は probability を、N は non-probability をそれぞれ意味します。

　ここで最も強力な方法は、言うまでもなく、内的／外的妥当性いずれにもランダムネスを利用する PI & PE の組合せです。つまり、ランダムサンプリングで集めた被験者に対し、処遇をランダムに割り当てて、その後、アウトカムを比較する方法です。ただし、現実的には非常に難しいでしょう[1]。

[1] ランダムサンプリングとランダム割当ての両者を兼ね備えた稀有な例が、大規模調査で行われ

	I 内的妥当性に関わる	E 外的妥当性に関わる
P 確率的(非人為的)制御	PI ランダム割当てによる比較(RCT)	PE ランダムサンプリング
N 非確率的(人為的)制御	NI 様々な統計的因果推論方法	NE1 研究を多数集めて統合(システマティック・レビュー／メタ分析) NE2 理論・背景知識・常識に照らして妥当なサンプリング NE3 文脈に関する豊富な記述

表 5–1　バイアス制御方法の類型

　したがって、次の方策として、内的／外的妥当性のいずれかに確率的方法を用い、残りの一方を人為的な工夫で対処することが考えられます。事実、最良のエビデンスとは RCT(ランダム化比較試験)のシステマティック・レビュー(＝実証研究の統合、後述)のことであると解説する文献が多数ありますが、これは表中の PI & NE です。つまり、RCT で内的妥当性に関わるバイアスを確率的に制御し(PI)、その上で、個々の研究を統合することによって外的妥当性に関わるバイアスを人為的に低減(NE)しているのです[2]。一方、教育政策や一般度の高い教育実践など、多くの人が関与し、かつ、厳密な実験が困難な場合については、まずランダムサンプリングで外的妥当性を確率的に考慮(PE)した上で、人為的工夫(具体的には統計手法)で内的妥当性の向上を図る(NI)というアプローチも当然あり得るでしょう。

　以上の議論が示しているのは、RCT のシステマティック・レビューが常

る質問紙実験です。これは、母集団からランダムに抽出された調査参加者を対象にして、異なる質問紙をランダムに配付することで、質問文(刺激文)の影響を見る実験です。ただし、一般的な教育研究には、この種の研究デザインが利用できる文脈はほとんどないでしょう。
[2] ただし、これはあくまで一般的な話です。医療においても、外的妥当性(サンプリング)に高い優先順位がつくことがあるからです。たとえば、RCT は、運用上、被験者を特定のタイプの患者に限定せざるを得ないこと——つまり、外的妥当性の毀損——があり、場合によってはサンプリングに配慮した観察研究のほうがよい成果を出す可能性があるとされています(Concato, 2004)。

に最善の選択というわけではなく、分野や現象、文脈によって、異なるエビデンス階層(とくに観察データに関する階層)があり得るということです。エビデンスに基づく教育(EBE)をめぐっては、推進派も慎重派もしばしばRCTの評価をめぐって論を戦わせてきていますが、そもそもそのような焦点化は、医療(EBM)の特定の手続きに過度に引きずられており、エビデンス概念一般を論じる上では、少々的を外していると思われます。

1.2　そもそも階層化する必要があるのか

　以上をさらに敷衍すると、エビデンスの質を考える上で真に重要なのは、外的／内的妥当性であって、階層(レベル分け)ではないと言うことができるでしょう。

　事実、階層に関する問題点はすでに指摘されています。Stegenga (2014)は、エビデンス階層のカテゴリカルな格付け方法は、個々の実証研究を分類する方法として精度が悪く、また、硬直的すぎるとして、全面的に廃棄すべきだとしています。ここまで強硬な批判でなくとも、エビデンス階層のレベル分けを固定的にとらえる見方は旗色がよくありません。たとえば、第2章で見たエビデンス階層(表2-1)の提案元であるオックスフォード大学EBMセンターからして、これはランキングではなく、実際の運用は柔軟にすべきであると注意を喚起しています(Howick et al., 2011)。

　したがって、「RCTのシステマティック・レビュー」を最上位に置くというアイディアも、「限られた時間のなかで個々の患者に最適な処遇を探すにはどうすればよいか?」という文脈で発展してきたものであると考えたほうがよいでしょう。たしかに、臨床医療の文脈では、「特定の病気の患者全員」という母集団を設定するのがまず困難ですし、仮にできたとしても、そこからランダムに選ばれた患者に実験に協力してもらうのは至難の業なので、ランダムサンプリングは現実的ではありません。外的妥当性が「後回し」になるのも、それなりの事情があることがわかります。

　一方、対象が集団である場合には、別の優先順位の付け方があるでしょう。また、エビデンスを評価する時間が十分にあるのなら、個々の研究を丁寧に見ればよいのであって、そもそも優先順位をつける必要すらないとも言えそ

うです。

　もしエビデンス階層という考え方を棄却するならば、「エビデンスに基づいた英語教育」という枠組みの存在意義にすら疑問が湧いてきます。この疑問はもっともですが、だとしても、内的／外的妥当性という原理の重要性は揺るぎませんし、これらの原理にしたがって研究の質を評価するというアイディアは依然貴重です。

　第2章の議論と合わせて考えると、階層的な格付けシステムよりも、ドメイン知識も統合したチェックリスト型の評価ガイドラインのほうが有用ではないかと考えられます。図5–1にそのイメージを記しました。

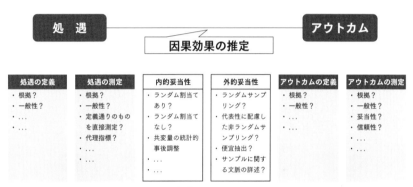

図5–1　エビデンスのチェックリスト

　図5–1のうち、処遇・アウトカムの定義・測定は、第2章で述べたとおり、ドメイン知識に関わる多くの知見を文脈に即しながら検討しなければならず、決して一筋縄にはいきません(寺沢、2020b)。一方、内的／外的妥当性については形式的に議論しやすく、事実、他分野(医療、経済学、心理学、公共政策研究等)でも豊富な議論の蓄積があります。反面、英語教育研究では体系的に説明されることはあまりなく、だからこそ本章であらためて論じておくことは意義があるでしょう。以下、内的／外的妥当性の向上方法にどのようなものがあるか、それぞれ具体的に論じていきたいと思います。

2. 内的妥当性

本節では、内的妥当性について検討します。

2.1 比較対象

　具体的な方法論を検討する前に、そもそも論として、**比較対象**を用意することは内的妥当性の担保にとって不可欠です。この自明の事実をあえて指摘したのは、英語教育では比較対象なしで処遇の効果を主張する研究・報告がしばしば存在するからです。

　たとえば、ある先進的な英語教育プログラムに挑戦した学校があったとします。この手の学校は、たいてい中間報告・最終報告などで成果を発表しますが、もし生徒の英語力（あるいは別の能力・態度でもよいでしょう）が向上していたのなら、それをプログラム導入の成果だとアピールすることはよくあります。これは、学校の報告書に限ったことではなく、研究者による報告でもしばしば目にします（たとえば、先進的プログラムに取り組む学校にアドバイザーとして入った研究者の報告など）。

　しかしながら、同校のプログラムを経験しなかった生徒の成果と比較しているわけではないので、プログラムに効果があったと主張するのは難しいでしょう。そう言わざるを得ない事情もわかりますが（補助金などを得ている場合はとくに「比較していないので効果はわかりません」などと言うのは困難です）、いずれにせよ、内的妥当性が乏しいことは事実です。

　もっとも、教育研究において比較対象を設定できないことは少なくありません。しかし、その際には、因果効果の考え方に厳密に依拠することは控えて、事例研究として包括的な記述を目指すのが本来の姿でしょう。この点については、後述します。

2.2 ランダム化比較試験（RCT）

　まず、**ランダム化比較試験**（RCT）について論じましょう。

　第 2 章での説明の繰り返しになりますが、RCT は、その名のとおり、処

遇を与える／与えないを被験者にランダムに割り当てた上で、一定期間後に
アウトカムを比較し、因果効果を推定します。一般的に、内的妥当性の面で
最も強力な手法です。

　たとえば、ある新しい英単語学習法 X の効果を検討したいとしましょう。
集めた被験者を「学習法 X で学ぶ群」「通常の学習法で学ぶ群」にランダム
に振り分け、それぞれ単語を学んでもらい、その後、学習の効果を測定・比
較します。このようにシンプルかつ明快な方法です。

　一方、学習法 X で「学ぶ／学ばない」の割当てがランダムではなく、被
験者や実験者の都合で選ばれたとすると話は変わってきます。たとえば、「学
級単位でしか実験ができなかったため、A 組には学習法 X で、B 組には通
常の方法で学ばせた」といった状況です。この場合、アウトカムに重大な影
響を与えている**第 3 の変数**（**共変量**とも言います）が、一方の群でとくに効
いていたという可能性を拭いきれません。たとえば、A 組にはある塾に通っ
ている生徒が多く、その塾では効果的な英単語学習法 Z を使わせていたと
すると、A 組の生徒の英単語力を実際に押し上げたのは、学習法 X ではな
く学習法 Z だった可能性が高くなってしまいます。

　まとめると、RCT は、処遇をランダムに割り当てることで、未知の要因
も含めて両群を（処遇の有無以外は）等質に近づけることができ、だからこそ、
アウトカムの差を因果効果の推定値として見なすことができるのです。上の
例で言えば、塾通いの偏りや学習法 Z の存在を実験者がまったく知らなかっ
たとしても、統制可能になります。なぜなら、その塾への通学／非通学もラ
ンダムに配分されるからです。

2.3　非 RCT（準実験・観察データ）

　一方、ランダム割当てを用いない準実験・観察データの場合、事後的に
内的妥当性を担保することになります。提案されている統計手法は多岐にわ
たるため、本章でそれらを逐一解説する余裕はありませんが、背後にあるア
イディアは共通しています。それは、**共変量調整**です。これは、処遇とアウ
トカムの間に介在する共変量について、何らかの仮定に基づいて、統計的に
バランスを取ることを指します。

この点を図示したものが図 5–2 です。

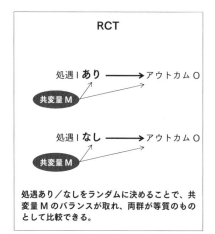
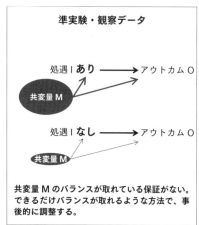

図 5–2 共変量の調整に関する違い

　図に示したとおり、RCT の場合にも共変量(未知の変数も含む)の介在があ
りますが、ランダム割当てで両群を等質だと見なすことができれば、バイア
スは無視できます。一方、ランダム割当てを行わない場合、そのままでは共
変量がアンバランスになっている危険性があり、これの調整なしには因果効
果が正しく推定できません。
　共変量の調整方法として、様々なものが提案されており、解説書も数多
く出ています。英語教育研究で使用頻度が高そうなものは、たとえば、重回
帰分析、共分散分析(ANCOVA)、共分散構造分析(構造方程式モデリング:
SEM)、層別解析、傾向スコアなどです。

◎　層別解析の例

　各手法の細かな説明は解説書に譲りますが[3]、共変量調整の手続きが最も
イメージしやすい層別解析を例に要点を説明します。**層別解析**は、読んで字

---

[3] 理論的な説明も含め丁寧に解説されている教科書として 星野(2009)があります。入門書として
は、岩波データサイエンス刊行委員会(2016)や、安井・ホクソエム(2020)、岩崎(2015)などが
あります。また、啓蒙的なものとして、中室・津川(2017)も良書です。

の如く、共変量を複数の階層に分け、それぞれの層で別個に効果を計算する手法です。

　前述の英単語学習法 X に関する研究を例にしましょう。RCT をする許可が取れず、学習法の選択を生徒の自主的な選択に任せたため、動機づけの強い生徒は学習法 X を、そうでない生徒は通常の学習法を選ぶことになってしまったとします。このとき、X で学んだ群と学ばなかった群の成果をそのまま比較すると、前者のほうが有利になり、学習法 X の効果を過大評価しかねません。ここで層別解析がとるアプローチは、たとえば「動機づけ〈高い〉群、〈やや高い〉群、〈中程度〉群 ...」のように層でグループ化し、各層でそれぞれ X の効果を推定し、その上で、全層の平均を見ます。これで、動機づけという共変量によるバイアスは軽減されると考えられます。

　しかしながら、これは、動機づけが重要な共変量であるとあらかじめ当たりが付いているときだけにできる対処です。未知の変数に対してはまったくお手上げであり、そうでなくても、調査後に重要性に気づいた変数(つまり、測定していない変数)があっても後の祭りです。

　この「未知の共変量は統制できない」という問題は、層別解析だけでなく、上述の共変量調整法すべてについてまわる問題であり、これが人為的方法の重大な限界です。

3. 内的妥当性の不備の例

　以上が内的妥当性を向上させる方法に関する簡単な説明ですが、ここで強調するべきは、英語教育研究では内的妥当性を逸脱する研究がしばしば行われてきたという点です。以下、「反面教師」として、内的妥当性の不備の例を 2 点論じましょう。

◎ 比較対象を欠いた分析
　第 1 が、前述した、比較対象を用意しない成果報告です。私たちは、往々にして、「素晴らしい成果」に弱いものです。モデル校や革新的な指導法で学ぶ生徒たちが驚異的なパフォーマンスを示していると、比較対象がなくて

も、つい手放しで称賛してしまいがちです[4]。

しかし、比較を欠いたがゆえに、因果効果を見誤る例は枚挙にいとまがありません。なかでも、教育でとくに注意すべき要因が、学習者の**発達的な力**です。学習者は、極端な場合、放っておいても成長する場合があります（たとえば、幼児は通常、集中的なトレーニングなどしなくても、語彙を驚くべきペースで習得します）。したがって、比較なしでは、成果が処遇の結果なのか発達の結果なのかわからなくなります。

また、**環境要因**、つまりプログラム外の様々な要因が学習者に与える点にも注意が必要です。たとえば、先進的な教育プログラムを導入した学校の生徒は、そのプログラムからだけではなく、学校内外の様々な環境（塾、自学用教材、家族、マスメディア等）をとおしても学習を深めるはずです。こうした環境要因によって、極端な話、放っておいても成果が出る可能性もゼロではありません。この点を真剣に考えるならば、やはり、比較の視点は不可欠です。

◎ **共変量に対する考慮のない分析**

内的妥当性に不備がある英語教育研究の2つ目の例が、共変量への考慮のない分析です。

英語教育では、2つの変数だけを取り扱う統計手法が非常に浸透しています。その代表選手が、t検定と分散分析です。これらは、ランダム割当てを伴う実験の文脈で発展したものであり、RCTで用いることには何の問題もありません。英語教育でも、t検定・分散分析を正しく使った実験研究は数多くあります。

問題は、単に2変数の関係だけを見ていたのではバイアスが生じかねない準実験や観察データの分析でも、t検定・分散分析の使用が蔓延している

---

[4] この論法はメディアなど至るところで見かけ、なぜか説得力もありますが、実のところ論理的な推論ではありません。ひょっとしたら、そのモデル校が先進的な教育法など試さずに従来どおりの教育をしていたならば、生徒たちはもっと上のレベルに達していたかもしれないからです。「従来どおりの教育をしていた場合」が、このときの比較対照群だと言えます。こうした比較がなされなければ、同校に入学してきた天才児たちを、先進的な教育法なるもので適度に「スポイル」したという可能性すら否定できないわけです。

点です（おそらく、*t*検定・分散分析があまりに頻繁に使われるために、「差を比較するなら*t*検定・分散分析」という間違った単純化が広まったのだと想像します）。前述のとおり、ランダム割当てができない場面では、共変量調整によって内的妥当性を担保する層別解析などの統計手法が必要です。

　たしかに、考え得る共変量のすべてを測定・調整することは容易ではありません。しかし、現実的に対応可能な共変量すら調整していない研究は数多く見受けられます。この場合は、「調整が難しかった」のではなく、「調整を忘れていた」「そもそも調整の必要性を知らなかった」という状況でしょう。共変量調整の必要性、および、そのための統計手法を、英語教育研究者はもっと理解する必要があるように思います。

4.　外的妥当性（代表性）

　次に、外的妥当性について論じます。

4.1　「母集団」というキーワード

　外的妥当性の定義を再度述べると、特定の集団を対象にした当該の研究結果から、他の集団に関する知見をどれだけ引き出せるかの程度です。こう定義するならば、狭義の外的妥当性とも言えるサンプリングの話だけでなく、事例研究における転用可能性（＝当該研究が他研究にどれだけ知見を提供できるか）も当然含まれるでしょう。詳しくは後述します。

　サンプリングと転用可能性に共通するのが、**母集団**というキーワードです。まず、サンプリングが実現しようとしているのは、要するに、母集団の値（真の値）を、眼前の研究結果から幅を持って推測することです。これを**「母集団推測」**型の外的妥当性と呼べるでしょう。これらはさらに、その幅を統計的に推測するものと事後に解釈的に推測するものに下位分類されます。

　一方、転用可能性が目指すのは、母集団の特定の場所に、眼前の研究結果を適切に位置づけることです。**「母集団との関係の詳述」**型と呼べるでしょう。母集団の真値を推測する代わりに、当該研究がその真値からどれだけずれているかを述べるわけです。この作業は完全に解釈的（非確率論的）に行わ

れます。

　以上の構図をイメージ化したものが図 5–3 です。

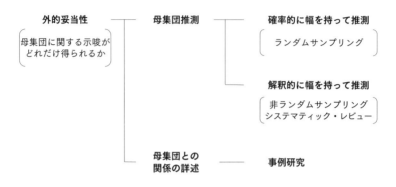

図 5–3　外的妥当性の類型

4.2　ランダムサンプリング

　以下、図 5–3 にある各手法について論じていきます。

　手元の限られたサンプルから、母集団全体の真値そのものを確定することはできませんが、確率的な幅を持って推測することは可能です。そのためには、サンプルがランダムに取られていることが必須です。

　確率論について長々と説明せずとも、ランダムサンプリングの重要性は直感的にわかりやすいでしょう。「スープの味を知りたいなら、鍋全体をよくかきまぜた上で、一、二さじ味見をすればよい」という比喩は有名ですが、同様に、母集団からランダムに取り出された被験者・調査参加者が「全体の縮図」になっていると想像することは難しくありません。

　ただ、メカニズムの理解しやすさとは対照的に、具体的な実施方法については(少なくとも英語教育研究では)あまり理解されていないように思われます。以下、ランダムサンプリング調査の実施方法について簡潔に紹介します(より詳細には、社会調査の教科書を参照して下さい。たとえば、佐藤(2015)をお勧めします)。

◎　名簿の確定

　どんな調査にせよ母集団を定義することは重要ですが、ランダムサンプリングではさらに名簿レベルでの具体的定義が必須です。この名簿のことを**サンプリング台帳**と呼びます。たとえば、母集団を概念的に「日本人」と定義するのなら、「すべての日本人」が理論上掲載されている名簿を確定しなくてはなりません。日本の大規模社会調査では、住民基本台帳や選挙人名簿がよく用いられてきました[5]。

　また、日本の中学生を母集団にした場合、中学生全員のリストはおそらく入手できないでしょうから、次善の策として、複数名簿を組み合わせた**多段階抽出**が採用されます。たとえば、まず、国内の全中学校のリストをもとに k 校を抽出し、調査を依頼し、了承が取れ次第、調査校の在校生名簿に基づいて n 人を抽出するといった手続きです。

　こうした点からわかるとおり、ランダムサンプリングの実施上のハードルは非常に高いものです。サンプリング台帳にアクセスすることは容易ではなく、そもそも使用可能な名簿自体が存在しないこともしばしばです。さらに、調査段階で調査員は多数の場所を駆け回らなくてはならず、教室で質問紙をばらまく調査とは比べ物にならないほど時間と労力がかかります。

　もっとも、莫大なコストがかかるものの、同時に非常に強力な手法であり、コストの問題を解決できる場合(例、外部資金の獲得)、ランダムサンプリングを選択することは望ましいと言えます。実際、ランダムサンプリングによる社会調査・学校調査のほとんどが、必然的に多数の研究者(および大学院生)が参加する大規模なプロジェクトになっています。

◎　緻密な調査遂行

　なお、その強力さが発揮されるためには、サンプリングだけでは十分ではなく、きめ細かい調査遂行も求められます。ランダムに抽出されたサンプ

---

[5] なお、住民基本台帳にせよ選挙人名簿にせよ、概念上の「日本人」にあくまで近似するものにすぎません。サンプリング台帳の不完全性ゆえに、統計からこぼれ落ちてしまう「日本人」がいるからです(たとえば、在外邦人、自他ともに「日本人」という意識をもつ外国籍者、現住所に住民票を移していない人)。この点は、社会調査論で昔から指摘されてきた難問です(吉村、2017)。

ルが完全な代表性を持つのは、**回答脱落**(不在者や回答拒否者など)がまった
く起きていないか、起きていたとしてもランダムに生じている場合だけです。
偶然以外の事情で回答脱落が起きた場合、その結果はどんどん歪んでいきま
す(吉村、2017)。たとえば、平日昼間に自宅に訪問する調査では、就労者が
とくに脱落するでしょう。また、学校への調査依頼が説明不足だったりする
と、不信感をいだいた学校がどんどん脱落していき、研究者サイドとすでに
関係が構築されている特定の学校しか残らないということもあり得ます。

　したがって、実際の調査では、回答脱落が起きないように細心の注意が
必要になりますが、配慮すればするほど、コストは倍増していきます[6]。こ
の点も、ランダムサンプリングのハードルを押し上げている要因です。

4.3　非ランダムサンプリング

　ランダムサンプリングができない場合、サンプルの選択に恣意性が入ら
ざるを得ず、外的妥当性は大幅に低下します。ただ、だからといって、非ラ
ンダムサンプリングの調査がすべて等しく劣っているというわけではなく、
その質にはグラデーションがあります。

　次ページの表5-2に、英語教育で行われている代表的な調査を、母集団
に対する想定という観点から整理しました。

　1番目のランダムサンプリング以外はすべて、非ランダムサンプリングで
す。

　2番目は、ランダムネスによらず人為的に母集団の縮図になるように対処
したサンプリングです。たとえば、学校の特徴(たとえば、国公私立、偏差値、
都市度、学校規模、学科等)を調査設計者が総合的に考慮して、最もバランス
が取れるように学校を選定します。この選択は、主観的・解釈的なものであ
り、母集団の真値の幅を確率的に推定できるものではありません。たとえば、
ある処遇が英語力向上に大きな効果があったという研究結果を前にしても、
当該サンプルが「やる気のある真面目な学習者」に偏っていると感じる人な

---

[6]　たとえば、大規模社会調査において、回答脱落への対策として、何度も再訪問・再依頼が有効
　だとされています。つまり、初訪問時に不在だったり、拒否されたりしても、繰り返し訪問し、
　調査を依頼することで、ある程度の回答脱落ならば防げるとされています。

		サンプリング方法	母集団に対する想定	母集団推測	事例の総合的理解
1	**伝統的質問紙調査**	ランダムサンプリング	サンプリング台帳と乱数をもとに抽出された人＝母集団の縮図	○	−
2		代表性に配慮した非ランダムサンプリング（割当てサンプリング等）	台帳・乱数の代わりに、種々の考慮（地域、属性等）を経て抽出した人＝母集団の縮図	△	−
3		特定の場所（教室等）での配布	その場所にいる人＝母集団の縮図	×	×～○
4		特定の組織（学校等）を通じて関係者に配布	その組織の関係者＝母集団の縮図	×	×～○
5	**ウェブ調査**	モニター利用調査	調査モニターのプール＝母集団。プールから抽出されたサンプル＝母集団の縮図	×～△	×～△
6		チェーンメール風ばらまき調査	たまたま回答した人＝母集団の縮図	×	×

○：優、△：可、×：劣

表 5−2　様々なサンプリング

らば、「もし『やる気のない学習者』がもっと含まれていたら、これほど大きな効果は示されなかったのではないか」と主張するかもしれません。とはいえ、実際にサンプルがバランスよく取られていたのか否かを客観的に白黒つけられるわけではないので、研究者は読者と解釈を擦り合わせるべく、「これこれこういう点で、サンプルは偏っていない」と丁寧に議論をするほかありません。

4.4　事例研究としての量的研究

3番目・4番目の**便宜抽出調査**、すなわち、教室や関係者に配付する調査は、

英語教育で最もよく行われている研究の一つです。素直に考えれば、特定の場所にいた人・特定の組織の関係者を「母集団の縮図」と見なすことになるわけで、いかにも恣意的であり、外的妥当性は低いでしょう。

しかしながら、配布対象が緩やかにコントロールできているという点では、妥当性が皆無というわけではありません。たとえば、教室で質問紙を配付する場合、「○○大学の××の授業をとった学生（8割以上が△△学部）の回答」のようにサンプルの特徴付けが可能です。サンプルに関する文脈を詳述することで、当該研究の結果を母集団全体のどのあたりに位置付けられるか議論できます。その点で、この手の調査は、母集団を推測するというよりも事例研究の一環として理解すべきでしょう。

ここでの**事例研究**とは、理論的な貢献度の高い事例に注目し、その事例を総合的に調査・分析する研究です（ジョージ・ベネット、2013）。事例研究において結果から母集団の真値を推測することは、不可能ですし、そもそも求められていません。そうではなく、当該の事例が母集団とどのような関係にありそうか——たとえば、典型的な事例なのか、周辺的か、あるいは逸脱的か——を詳述することで、当該研究から得られる知見の位置付けを明確にすることが求められます。

その詳述が説得的であればあるほど、調査対象がイメージしやすくなり、ひいては母集団（および母集団内の下位集団）を理解する上でのヒントになります。これは、一般的には**転用可能性**と呼ばれ、外的妥当性として説明されることはあまりないと思われますが、母集団との関係を示唆するものという点では外的妥当性の構成要素として見なしてよいでしょう。

4.5 ウェブ調査

5番目・6番目は、近年、急速に広がっている**ウェブ調査**です。その拡大とは裏腹に、ウェブ調査の外的妥当性を全否定する意見も少なくありません[7]。ただし、実際のところ、マシなものもあればほとんど無意味なものまで、そ

---

[7] ウェブ調査の発達に伴って、アンケート調査のハードルが著しく下がったために、劣悪なアンケートが大量に出回ることになったのは事実でしょう。ウェブ調査の限界を踏まえつつ、質の高い調査設計・遂行を行うには、トゥランジョー・コンラッド・クーパー（2019）が参考になります。

の質にはグラデーションがあります。

　5番目は調査会社に依頼し、同社のウェブモニターを利用するタイプです。この場合、当該モニターが母集団と見なされることになります。日本の有名調査会社の場合、モニター登録者数は非常に多く、数百万人を越えるものもあります。また、幅広い層からモニターを集めたことを謳う調査会社もあります（もっとも、営利企業としてそう言うほかないわけで、どれだけ信じていいかは不明ですが）。

　そのため、モニターがあたかも「日本人の縮図」であるかのように錯覚しやすいという罠がありますが、人数の多さは代表性を担保しません。また、この場合、調査回答者は、例外なく「調査会社のモニターに応募・登録し、かつ、調査依頼が来たらわざわざ回答する人」であり、「一般の人々」と等質と想定していいのか疑問が残ります（大隅, 2010a, 2010b）。ただし、モニターの基本属性に合わせてターゲットを限定することは可能であり、その点では、コントロールの度合いは比較的高いでしょう。その場合、事例研究として位置づけることは可能かもしれません。

　一方、6番目の、メール・SNSなどで質問紙をまるでチェーンメールのようにばらまく調査には、外的妥当性はほとんどないと言わざるを得ません。サンプリングをしていないという点以上に問題なのが、配布の文脈が完全に不明である点です。どのような人に質問紙が渡ったのかを事後的に考慮することができないので、事例研究として扱うことすらできないのです。

4.6　システマティック・レビュー、メタ分析

　サンプリングとは発想が異なりますが、外的妥当性を向上させるもう一つの方法が、複数の研究統合です。たとえば医療（EBM）の文脈では、システマティック・レビューやメタ分析として浸透しています。

　詳細は第3章・第4章で論じていますが、**システマティック・レビュー、メタ分析**の考え方を再度簡潔に述べると次のとおりです。まず、特定の「処遇 → アウトカム」を検証した過去の研究を、データベース等を使って網羅的に調べます。入手できた個々の研究を整理し、とくに因果効果の推定値を取り出します。そして、その数値を統計的に統合します（この最後の段階のみ

を「メタ分析」と呼ぶこともあります)。

　たとえば、ある指導法の英語力への効果を検証した研究を考えてみましょう。指導法名でデータベースを検索すると、研究A(被験者20人)、研究B(同20人)、研究C(同200人)という3つの研究がヒットしました。各研究は、それぞれ+4, +6, –7 という効果を報告していたとします。つまり、AとBはポジティブな効果、Cは逆にネガティブな効果です(例なので、数値の単位は無視してください)。研究統合とは、この3つの数値を、何らかの仮定を入れて平均を推計することです。もっとも、この例において、単なる算術平均——つまり、$\{4 + 6(-7)\} \div 3 = 1.0$——をもとに「平均効果 = 1.0」と結論づけるのは、3つの研究の被験者数が大きく違う以上、不自然です。したがって、被験者数が10倍の研究Cにもっと大きな重みをつけて、「平均」を算出することになりますが、その結果、統合された効果はマイナスの値をとる可能性が高くなります[8]。

　第2章で見たとおり、研究の統合は、個々の研究よりもエビデンスの質が高いとされています。なぜ高くなるかと言えば、外的妥当性が向上すると考えられているからにほかなりません。つまり、個々の研究だけ見ていると、その研究のサンプルに引きずられた推論しかできませんが、多くの研究を集めればよりバランスの取れた推論が可能になるということです。

　しかしながら、この「多く集めればより妥当な結論が導ける」という前提には統計学的な根拠があるわけではありません。たとえば、「普通の人」から適切に被験者が集められた研究Dと、極めて特殊な集団から被験者が集められた研究Eがあったとすると、この場合は研究Dだけに注目するべきであり、研究Eとの統合はむしろ質を悪化させてしまいます。

　とはいえ、どのサンプルが「普通の人」でどのサンプルが「極めて特殊」なのか自明であることは通常ないので、次善の策として、できるだけ多く集め、その上で、あまりに極端な研究は分析者の判断で除外するという方針がとられます。

---

[8] 実際には、研究Cの重みが、単純に研究A・研究Bの10倍になるわけではありません。重みは被験者数ではなく分散に基づいて計算されるからです。また、統計的仮定によっても重みの計算方法は変わってきます。

　研究者の判断に依存する以上、システマティック・レビューにおける外的妥当性の担保は明らかに解釈的な作業です。もっとも、これまでの議論と同様、解釈的な要素が混入しているからといって即「非科学的」と退けられるわけではありません。個々の解釈(どういう基準で研究を収集したか、どのような研究が集まったか、何を外れ値として除外したか)を丁寧に述べることで、合意可能性を担保する努力が求められます。

5.　外的妥当性の不備の例

　最後に、既存の英語教育研究では、外的妥当性の点でどのような問題があったか、それらは今後どのように乗り越えられるのかを論じたいと思います。
　前述のとおり、英語教育研究では、外的妥当性の重要性の認識は浸透していません。リサーチメソッドの教科書ですら、サンプリング法への言及がないものがあるほどです。そうした状況を反映してか、「たくさん集めれば正確になる」という素朴な信念(誤信念)は蔓延しています(たとえば、TOEFL の国別スコアを「受験者数が多いから信憑性がある」という根拠で国際比較に使う研究者がいますが、これも典型的な誤信念です)。本章で再三強調したとおり、真に重要なのは、どれだけたくさん集めるかではなく、いかに母集団に配慮しながら集めるかです。

◎　サンプリングの考慮
　英語教育においても、大規模研究プロジェクトとして行われる研究においては、ランダムサンプリングと言わずとも何らかの**適切なサンプリング方法**が、まずは模索されるべきでしょう。
　既存の研究では、研究者のアクセスしやすい学校や人が恣意的に選ばれている場合も少なくありません(「縁故サンプリング」などと呼ばれます)。そうせざるを得ない事情もわからないではないですが、相応の予算・人的リソースを投入できるプロジェクトならば、縁故サンプリングありきで進めるのではなく、代表性に考慮したサンプリングがまずは検討されるべきでしょう。そのための前提として、研究プロジェクトに(英語指導や言語習得の専門家

だけでなく)調査法の専門知識をもった研究者が加わるべきであることも指摘しておきたいと思います。

◎ 事例研究という発想への転換

　もっとも、研究者や大学院生が個人で行う実証研究では、代表性を考慮したサンプリングはしたくてもできない場合も多いでしょう。その場合には、**事例研究**として位置づけるという発想の転換が必要です。つまり、当該研究対象を、因果効果の数値だけに抽象化して論ずるのをやめ、むしろ現象の総合的理解のための丁寧な記述という戦略に転換するのです。

　事例研究として位置づけるのであれば、因果効果の数値だけでは不十分です。たとえば、あるプログラムを導入した学校の調査であれば、その学校の特徴や生徒のプログラムに対する反応、アウトカムに至るまでのプロセスなど、様々なことを包括的に記述することが必要になります。必然的に、質的方法(インタビュー、参与観察、資史料の分析など)のウェイトが上がることを意味しています。

　最後に、英語教育研究で(とくに卒論・修論で)頻繁に行われているチェーンメール風ばらまきアンケートですが、こちらは、どのような工夫をしても外的妥当性の改善の余地はまったくないと言わざるを得ません。有意義な研究として昇華させるためには、事例研究として対象集団の総合的理解に軌道修正するか、あるいは、サンプリングを丁寧に設計するかのどちらかしかありません。「卒論修論は、学術研究というより学習の一環なのだから、構わないのでは」と考える人もいるかもしれませんが[9]、学習の一環ということならば、チェーンメール風アンケートの「体験学習」などより、文献をたくさん読むほうが明らかにマシです。

---

[9] 「卒論・修論の学習の一環として、データの分析を体験させたいので、(粗雑な設計でも構わないから)データを取らせる必要がある」という事情ならばわかります。しかし、分析が主たる目的ならば、統計分析の教科書付属のサンプルデータや、二次分析用の公開データを利用すべきでしょう。不慣れな人がとったデータを使うのは効率が悪すぎるからです。たとえば、そのようなデータには多くの不具合や異常値があり、クリーニングに多大な時間を要するばかりか、目的の分析ができないこともよくあります。二次利用可能なデータとしては、たとえば、東京大学社会科学研究所 SSJ データ・アーカイブに英語教育関係のデータがいくつも寄託されています。

6. おわりに

　本章では、エビデンスの質を左右する内的妥当性と外的妥当性という2つの観点を、英語教育研究の文脈に即して論じました。

　既存の英語教育研究では、2つの妥当性に対する注目は限定的であり、だからこそ、その重要性を訴えることが本章の主たる目的でした。一方、紙幅の制約ゆえに、具体的な推計方法・実施手続きについて論じることはできませんでした。方法論の詳細は、脚注等に付した参考文献を参照してください。

　最後に1つ付記すると、本章の解説は、医療(EBM)の議論に比べ、外的妥当性に明らかに多めのページを割いています。その理由の1つが、教育に関わる現象の多くは、関与する人の規模が大きく、代表性がより重要になるという点です。

　また、現象の複雑さに対する態度の違いも理由の1つです。つまり、医療研究も教育研究も「複雑な小宇宙」を探究する点で違いはありませんが、医療には、「人体のメカニズムは同質的である(＝ある処遇は、効果の強さはどうあれ、どんな人にも似たように作用する)」という点で、斉一性に対する信頼感がありますが、教育にはそうした信頼感は大きくありません。いきおい、調査対象がどのような人々なのか、被調査者の選択はどれだけバランスが取れているのかが、決定的に重要になってきます。さらに、実験ではなく、調査(観察データ)に依拠せざるを得ないという現実的な理由もあります。

　以上の点からもわかるとおり、「エビデンスに基づく英語教育」を構想する上で、医療(EBM)の方法論を直輸入してくることはあまり生産的ではありません。EBMにくわえ、社会政策領域でのエビデンス論、さらには社会科学における研究方法論を総合的に考慮しながら、自前の基準を構築していく必要があります。

第6章

リサーチデザインを問う
——スタートラインで考えるべきこと

第5章では、「処遇 → アウトカム」の因果関係を示すエビデンスを産出するためのリサーチデザインについて内的妥当性や外的妥当性の点から検討しました。本章では、「それ以前」、すなわちリサーチデザインのスタートラインで考えるべきこととして、研究の目的、先行研究のエビデンスの質、研究の実施方法について検討します。最後に、エビデンスを生成する研究の特徴を踏まえて、研究誌の査読の観点について検討します。

1. 何のために研究を行うのかを考える

　英語教育研究をスタートする際に考えたいことは、自分は何のために研究を行うのかということです。ここを間違えると、研究を行う目的にふさわしくない誤ったリサーチデザインを選択し、遂行してしまうことになります。

　第 1 に、英語教育に携わる実践者が、自分の教育実践や、自分が存在する文脈における実践の質的な向上を図るために研究する場合には、**実践者による研究**(practitioner research)を行うことになります(田中・髙木・藤田・滝沢・酒井、2019 を参照)。田中・髙木・藤田・滝沢・酒井 (2019) や Ellis(2012) によれば、こうしたタイプの研究は、実践の現状を理解する研究と課題となる状況を改善する研究とに分けられます。Ellis (2012) は、前者に位置づく研究として**探究的実践**(exploratory practice)を、後者に位置づく研究として**アクション・リサーチ**を挙げています(探究的実践とアクション・リサーチについては、それぞれ Allwright, 2003 や Burns, 1999 を参照)。

　この実践者による研究の主たる意義は、個人の生活の質の向上であり、因果関係を示すことではありません。また、ある期間における状況の改善や実践者の理解の変容に着目しますが、必ずしも量的なデータによる分析である必要はなく、質的なデータによる分析も多く使われます(詳細は、田中・髙木・藤田・滝沢・酒井、2019 参照)。さらに、ある個別の文脈が対象であり、比較対象を設定することはあまりありません。すなわち、実践者による研究は、「処遇 → アウトカム」の因果関係を示す、エビデンスを産出するための研究からは程遠いと考えられます。

　ただ、エビデンスを「つかう」事例報告としては、実践者による研究にも役割があります。自らエビデンスを「つくる」研究を行うのではなく、実践者による研究の中に「エビデンスをつかう」プロセスを組み込み、いくつかある改善方法から選択するという意思決定を行い、その変容について報告するものです。第 2 章で指摘されているように、現状の英語教育においてはエビデンスを「つかう」段階にまだ達していないため、このタイプの実践

研究はまだ見当たりません。今後、期待される実践研究のあり方の一つであると考えます。

　第2に、研究者が、学術的に新たな知見を見出したり、積み重ねられた知の改善や発展に貢献したりするために行う場合には、**学術的な研究**(scientific/academic research)を行うことになります(浦野・亘理・田中・藤田・髙木・酒井、2016参照)。当該の研究分野で何が明らかにされていないのかに基づいて研究課題を設定し、その点を明らかにすることに学術研究の主たる意義があります。

　英語教育に関連する学術的な研究(第1章で言う「科学的真偽のアプローチ」)においても、「処遇 → アウトカム」の因果関係を示すことを目的とすることがあります。この場合、処遇やアウトカムの内容は、学術的な仮説、モデル、理論などで提唱されている概念(構成概念(construct)と言います)の定義にしたがって、それぞれ**独立変数**や**従属変数**として設定されることになります(第3章、第4章参照)。たとえば、インタラクションにおける誤り訂正の1つである言い直し(リキャスト)が学習者に否定証拠(ある形式や文構造が誤りであるという情報)を与えるという仮説を検証する場合、先行研究で示されている言い直しの定義を明確にして、実験群の処遇の方法を決めます。また、学習者が否定証拠を受け取ったことを示す指標として、否定証拠の定義に基づいて、誤りのある表出(発話や筆記)が少なくなること、文法性判断テストにおける非文法的な文を誤りであると判断できること、そして誤りのある文を修正できることとして捉えた上で、スピーキングテストや文法性判断テスト、誘出模倣テスト(文を聞いて、誤りがある場合には訂正して繰り返すテスト)などを用いて得点化し、従属変数とします。リサーチデザインに関しては、第5章で扱った内的妥当性と外的妥当性の問題を検討することが重要です。比較対象となる統制群を設定したり、事前テストと事後テストをしたり、ランダム割当て(統制群と実験群に無作為に割り振ること)を行ったりして内的妥当性を高めることや、ランダムサンプリングを行って外的妥当性を高めるようにします(浦野・亘理・田中・藤田・髙木・酒井、2016参照)。

　第3に、教育実践や教育政策に関する意思決定を行う目的の場合には、意思決定のアプローチに基づく「処遇 → アウトカム」の因果関係を検証す

る英語教育研究を行うことになります。すなわち、エビデンスを生成することを目的とした研究です。このアプローチでは、上述の英語教育に関連する学術的な研究とは、独立変数や従属変数の選択で相違があります。英語教育に関する学術的な研究においては、先述したように、仮説、モデル、理論などの構成概念(construct)を明確にして、変数を設定することになります。一方、意思決定のアプローチの英語教育研究では、処遇とアウトカムの決定は教育実践や教育政策の介入や目標と合致している必要があります。寺沢(2018)は、政策的判断を裏づける妥当性を持つエビデンス生成のためには、(A)内的妥当性があるか、(B)外的妥当性があるか、(C)適切な時期にアウトカムが測定されているか、(D)介入の代理指標として用いられる変数は政策上の介入と適合しているか、(E)アウトカムとして測定されている変数は政策目標と適合しているか、という5つのチェックポイントをクリアしている必要があると指摘しています。

　例として、第二言語習得研究で用いられる文法性判断テストを取り上げましょう。第二言語習得研究では、第二言語を聞いたり読んだりして意味を解釈する力、第二言語を用いて話したり書いたりする力などに加えて、文法性を判断する力も言語能力の一部であると考えてきました。そのため、文法性を判断する力という構成概念に関して、文法性判断テストにおける得点をもって定義化し、従属変数を得てきました。しかし、ある処遇を行い、文法性判断テストの得点の増減によって、「処遇 → アウトカム」の因果関係が示されたとしても、そのエビデンスを、教育実践や教育政策の意思決定に用いることができるかというと必ずしもそうではありません。たとえば、日本においては、2007年に改正された学校教育法により、「基礎的な知識及び技能」、「知識及び技能を活用して課題を解決するために必要な思考力、判断力、表現力その他の能力」、「主体的に学習に取り組む態度」という3つの要素からなる学力観が提示されました。すなわち、日本の学校教育において、外国語教育の実践や政策について意思決定するためのエビデンスは、学力の三要素と関係している必要があります。文法性判断テストで測定しようとする構成概念は、学力の三要素のうちの1つ「知識及び技能」のうちの、ごく一部にしかすぎないため、従属変数としての適切さに疑問が残ります(従属変

数については第4章、および第8章参照)。

　時には、教育政策が変更されることもあります。英語教育においては、「言語活動」の定義が、2017年度に告示された中学校学習指導要領の前と後で変更されています。以前は、言語材料についての知識・理解を深める活動も考えや気持ちなどを伝え合う活動も言語活動とされていましたが、学習指導要領の改訂後は後者のみを言語活動として捉えるようになりました。また、学力の三要素の「主体的に学習に取り組む態度」として、外国語教育では「積極的にコミュニケーションを図る態度」を育成することとされていましたが、改訂後は「主体的にコミュニケーションを図る態度」に変更され、粘り強く言語活動に取り組む態度だけではなく、目的意識を持ってコミュニケーションを図る態度や、コミュニケーションの成否を把握して調整しようとする態度なども重視されています。このような相違点により、学術的な研究の目的とエビデンスを生成するための研究の目的が合致したり、ずれたりします。たとえば、物井(2013, 2015)は、「積極的にコミュニケーションを図る態度」と関連づけて、小学生のWillingness to Communicate (WTC)モデルの検証、周辺要因(例、国際的志向性)との関係、そのための質問紙の開発を行っています。WTCは、コミュニケーションするか否かの選択権が与えられた場面で、コミュニケーションしようとする意欲であると定義されており、今後はWTCモデルの援用だけでは「主体的にコミュニケーションを図る態度」の指標として不十分となります。

2.　先行研究のエビデンスの質を考える

　エビデンスを生成するための研究を行う前には、自分のテーマに関連する先行研究を集め、これまでに明らかになっていることと明らかになっていないことを整理します。つまり、先行研究におけるギャップ(明らかになっていないこと)を探して、研究課題を設定することで、その研究の独創性や独自性、新規性が確保されることになります。言うまでもなく、これは、従来の学術的な研究においても、研究課題を設定するために実施される重要なステップです(浦野・亘理・田中・藤田・髙木・酒井、2016)。

　エビデンスを産出するための研究を行う際には、この段階で先行研究の**エビデンスの質**を考えることが重要となります(第 2 章、第 5 章参照)。**エビデンス階層**のレベル 2 に相当する、個々の**ランダム化比較試験**が多数行われていれば、**メタ分析**が可能となります(第 3 章、第 4 章参照)。もしそうでなければ、第 5 章で述べたように、ランダム化比較試験や、内的妥当性・外的妥当性の高いリサーチデザインを選択し、自らの研究において因果関係を示すエビデンスを作ることになります。

3.　追試研究の実施を考える

　個別の研究を実施する際に、**追試研究**が実施できないか考えてみましょう。追試研究の重要性は、第 3 章で指摘されています。

　従来の学術的な研究では、独創性や独自性、新規性が過度に評価されてきました。研究の独創性・独自性・新規性がないと研究の意義がないように見えるのか、他の研究と異なる点を強調するきらいがあります。独創性・独自性・新規性は、共約不可能性を産むことにつながります。独創性・独自性・新規性と、研究の意義を同一視すべきではありません。

　エビデンス生成のための追試研究のためには、繰り返しになりますが、寺沢(2018)が指摘するように、内的妥当性、外的妥当性、介入の適切な期間、適切な独立変数の選択、適切な従属変数の選択などを考える必要があります。独創性がないからといって、追試研究が容易であると考えるのは誤りです。

4.　プロジェクトによる研究を考える

　エビデンス生成のための研究を始める際に、プロジェクトによる研究が実施できないか考えましょう。第 1 章や第 3 章で指摘されているように、従来の英語教育研究の多くは、「選択主体」や「選択肢集合」の知見を提供するかもしれませんが、因果関係を示す研究においては「選好生成機構」や「社会的選択方式」に関するテーマの知見を有している研究者が求められます。因果推論に関するリサーチデザインや統計処理に詳しい専門家とチームを組

み、プロジェクトによる研究を行うことを検討しましょう。

　プロジェクトに関しては、科学研究費助成事業や学会の仕組みなどを活用することになると思います。英語教育に関する学会では、研究プロジェクトを立ち上げる仕組みを有しているものがあります。たとえば、日本児童英語教育学会(JASTEC)では、各支部が、必要に応じて研究部会および研究プロジェクトチームを設けることができることになっています。実際、JASTEC プロジェクトチーム(1986)など、児童英語教育の効果に関する検証を行い、論文として発表しています。また、中部地区英語教育学会では課題別研究プロジェクトを公募しています。本書の基になったのも、この学会の課題別研究プロジェクト「英語教育における『エビデンス』：評価と活用」(2016 年度〜2018 年度)でした。ただし、英語教育関係の学会には、因果推論や「エビデンスに基づく教育」(EBE)の専門家が多くは所属していないことと、学会外の研究者とチームを組んでプロジェクトを立ち上げることができる仕組みになっていないことが課題です。

　小学校や中学校、高等学校などで英語教育実践や行政に携わる方々の中にも、修士(教育学)等の学位を有するなど、研究のトレーニングを受けてきた人たちが多数います。データ収集の点でプロジェクトに参加できる可能性があります。

5.　学会誌の査読について考える

　本章では、エビデンスを産出する研究を行う個々の研究者がスタートラインで考えることを整理してきましたが、最後にこのように生成された研究が学会誌などの査読において正当に評価されるかを考えてみましょう。生成されたエビデンスは、学会発表や学会誌への論文掲載などにより、共有され、使われていきます。生成したエビデンスを何かしらの形で公表していくことも研究者としての重要な役割です。

　たとえば、日本における英語教育関係の大きな学会の一つに、全国英語教育学会があります。毎年 1 回、学会誌として『全国英語教育学会紀要』(英語の略称で、*ARELE*(『アレレ』)と呼ばれます)を発行しています。この学会誌

の執筆要領（http://www.jasele.jp/arele/arele-information-for-contributors/）では、研究論文と実践論文の区分があります。前者について、「研究論文とは、関連する先行研究を踏まえて、新たな視点・解釈を提供し、適切かつ妥当な研究方法により、英語教育の学術研究・授業実践の発展に寄与する研究成果を十分な論拠・証拠をもって導き出しているものである。審査は、下記の観点に基づいて行われる」として、次の観点を示しています。

> 独創性：関連する先行研究を踏まえて新たな視点・解釈を提供し、研究に適切な意義づけを行っているか。
> 研究方法：研究方法が適切かつ妥当で、充分な論拠・証拠を開示しているか。
> 論理性・表現：論旨に一貫性があり、表現が適切か。
> 意義・貢献：研究成果が英語教育の学術研究・授業実践の発展に寄与するか。
> 全体評価：研究論文として全体的な完成度が高いか。

　本章で述べてきたことに基づくと、エビデンスを産出する研究は、「研究方法」や「論理性」の点からは、内的妥当性や外的妥当性を高める工夫をしていますので有利になります。一方で、上の観点に従えば、「独創性」や「意義・貢献」の点では不利になる可能性があります。「独創性」という観点では、「新たな視点・解釈を提供すること」が「研究の意義」であるように受け取れますし、「意義・貢献」の点においても、エビデンスを産出する研究は必ずしも英語教育の学術研究の発展に寄与しないと判断されることになってしまいます。

　意思決定のアプローチの英語教育研究においては、エビデンスの質の高さ、すなわち、内的妥当性と外的妥当性の確保の点から研究が評価されることになりますが、そうした妥当性が顧慮されてこなかった現状を踏まえると、学会誌等の査読者の意識改革や、査読の観点の見直しなども今後課題になると思います。

第 7 章

研究課題を問う
——どういう問いを立てるのか

本章では、英語教育における教育実践や教育政策に関して意思決定するための研究課題、すなわちどのような問いを立てたらよいのかについて検討します。まず、「処遇 → アウトカム」の因果関係を示す問いを考える上で、気を付けるべき点を説明します。次に、長期的な展望を持った問いや学術研究団体等として取り組むべき研究の問いを設定することの重要性を述べます。

1. 「処遇 → アウトカム」の因果関係が適切な問いを立てる

問いを立てる際、「処遇 → アウトカム」の因果関係が適切であるかを検討することが重要です。**独立変数(処遇)**が設定されていること、**従属変数(アウトカム)**が設定されていること、独立変数が従属変数に時間的に先行していること、独立変数と従属変数との関係が遠くないことが求められます。

まず、独立変数と従属変数が設定されているかどうかという問題を具体的に考えてみましょう。

エビデンスに基づく教育をテーマにして開かれた研究会で、英語教育における教育実践や教育政策に関する研究として、「あるとよいと思う問い(研究課題)」を考えてもらったところ、次ページの表 7–1 のような問いが挙げられました。

整理してみると、まず、そもそもエビデンスを産出する研究の問いとしてなじまない、教育実践の質的な向上に関する問い(第 6 章参照)が挙げられています。

次に、独立変数も従属変数も明確でない問いがありました。この問いの中には、注で示したように、因果関係を想定した問いに改変することができるものがあります。

第 3 に、独立変数もしくは従属変数が設定されていない問いがあります。注のところで「? → ○○」となっているのは処遇が不明であることを、「○○ → ?」はアウトカムが不明であることを示します。この場合には、それぞれ明確でない変数をきちんと設定する必要があります。

最後に、独立変数(らしきもの)と従属変数(らしきもの)が設定されている問いにまとめられます。「らしきもの」と書いたのは、指標が明確でないものが見られるからです。たとえば、教科指導力を示す指標が存在するのかというと疑問があります。また、スピーキング力やコミュニケーション能力を示すために、外部試験や自己評価などが用いられることが多いですが、妥当な指標であるかどうかは意見がわかれるところです。

【教育実践の質的な向上に関する問い】
・レッスンスタディー

【独立変数も従属変数も明確でない問い】
・外部英語力試験はどのようにあるべきか。
・大学が独自に大学入試問題を作っていることは、どのような問題があるか。
・外国語教育にテストが必要か。
・英語教師の指導力をどう評価していくか。
・小学校外国語教育の時間数は増やすべきか、減らすべきか。そもそも中止すべきか。（注　この問いを検討するために、「小学校外国語教育の時間数（増加、減少、実施なし）→（中学校卒業時や高等学校卒業時の）英語のコミュニケーション能力」というような因果関係を設定する問いを立てれば、独立変数と従属変数が明確になります）
・英語教師にはどの程度の英語力が必要とされているか。（注　この問いを検討するために、「教師の英語力 → 児童生徒の英語力」というような因果関係を設定する問いを立てれば、独立変数と従属変数が明確になります）

【独立変数もしくは従属変数が設定されていない問い】
・ライティング能力はどのように育成したらよいか。（注　「?→ ライティング力」）
・小学校において学級担任ではなく専科教員やALTを採用したほうがよいか。（注　「指導者（学級担任、専科教員、ALT）→ ?」）
・ALT活用にはお金がかかるが、本当に効果があるか。（注　「ALTの活用 → ?」）
・どのようなICT（デジタル教材、端末など）の活用が効果的か。（注　「ICTの活用方法 → ?」）

【独立変数（らしきもの）と従属変数（らしきもの）が設定されている問い】
・英語で話す活動を増やせば、スピーキング能力が伸長するか。（注　「英語で話す活動の量 → スピーキング能力」）
・授業は英語で行うこととされているが、コミュニケーション能力を育成する上で本当に効果があるか。（注　「授業中の英語使用 → コミュニケーション能力」）
・教科指導力の点からよい英語教師になるには、教員養成課程が必要か。（注「教師の経歴（教員養成課程、開放制など）→ 教科指導力」）

表7–1　ある研究会で出された「あるとよいと思う問い（研究課題）」

　第2に、独立変数が従属変数に時間的に先行することが重要です。たとえば、「英語で話す活動を増やせば、スピーキング能力が伸長するか」という問いに関して、ある時点の「英語で話す活動の量」とその同じ時点での「スピーキング力」を測定したとしても、「相関」関係があるかどうかを調べることは可能ですが、「因果」関係を示すことにはつながりません。相関関係で、英語で話す活動の多い学習者はスピーキング力が高く、話す活動の少ない学習者はスピーキング力が低いことはわかったとしても、因果関係までは示されません。スピーキング力が高かったため、話す活動が多かったという関係も否定できません。因果関係を示すには、スピーキング力を測定する「以前の」英語で話す活動の量を検討する必要があります。

　第3に、独立変数と従属変数の関係が遠くないことも検討する必要があります。ALTの活用の効果を考えてみましょう。上に挙げた「ALT活用にはお金がかかるが、本当に効果があるか」という問いでは、従属変数が示されていませんでしたが、ここでは、外国語教育の目標である「コミュニケーション能力」を仮に従属変数として考えてみます。ALTの活用の有無と、コミュニケーション能力の向上の間に、どの程度、因果関係を想定しなくてはならないでしょうか。

　図7–1に示した連鎖は、ALTを活用すれば、外国の人との接触量が増加し、コミュニケーションの機会が増えるため、コミュニケーション能力の向上につながるという考えに基づくものです。独立変数と従属変数の関係が比較的近いモデルであると言えます。ただし、問題もあります。生徒すべてが教室

図7–1　ALTの活用とコミュニケーション能力の因果モデル(a)

外でALTと接触するとは考えづらいですので、生徒のコミュニケーション能力に影響を及ぼす外国の人との接触は主として授業内で生じると考えられます。授業におけるALTとのコミュニケーションの機会の増加は効果があるでしょうか。ALTを活用しない授業、すなわち、日本人の英語教師が単独で行った場合の授業においても、教師と生徒の間や、生徒と生徒の間でコ

図 7-2　ALT の活用とコミュニケーション能力の因果モデル(b)

ミュニケーションが行われると考えられますので、授業内のコミュニケーションの機会そのものが劇的に増えるわけでもありません。つまり、「外国の人との接触量の増加」と「コミュニケーションの機会の増加」にギャップがあります。

　図 7-2 のように考えることもできます。授業中で ALT と交流することで、海外への関心が高まり(国際的志向性の向上)、機会があれば英語でコミュニケーションしたいという意欲が高まり(WTC の向上)、その結果、様々な場面でコミュニケーションを行う機会が増加し、コミュニケーション能力の向上につながるという因果モデルです。このモデルにおいては、ALT の活用とコミュニケーション能力の向上との関係は遠いと考えられます。「ALT の活用 → コミュニケーション能力」という因果関係を示すためには、いくつかの因果関係についてそれぞれエビデンスを示す必要があります。このように、独立変数と従属変数の因果関係をよく検討し、いくつもの因果関係を想定しなくてはならない場合には、エビデンスを示すことは難しく、不適切な問いであると考えられます。

2.　長期的な展望を持った問いを立てる

　とくに教育政策に関するエビデンスについて考えると、長期的な視点に立った問いを設定することがとても重要です。英語教育に関して言うと、2020年度の小学校学習指導要領の全面実施を皮切りに、各学校種で順次新たな教育課程が実施されています。このような中、早いと思うかもしれませんが、おそらく 10 年後に実施される学習指導要領の改訂を見据えて、今から問いを検討し取り組んだほうがよいでしょう。

　近年、日本の英語教育政策は大きく変化しています。2017 年に小学校学習指導要領および中学校学習指導要領が告示され、翌 2018 年には高等学校学習指導要領が告示されました。これを受けて、各学校では 2020 年度より順次新たな教育課程が実施されています。学習指導要領は法的根拠を持つため、教育政策の意思決定を行ったと考えられます。主な変更点を整理します。

- 小学校第 3 学年と第 4 学年での外国語活動の導入(外国語教育の早期化)
- 小学校第 5 学年と第 6 学年で教科としての外国語の実施(外国語教育の教科化)
- 授業時数の決定。外国語活動は年間 35 単位時間(週 1 単位時間相当)、外国語は年間 70 単位時間(週 2 単位時間相当)。従来に比べて、3 倍の時間数増。
- 語彙や文法などの知識がどれだけ身についたかではなく、外国語を用いて何ができるのかに主眼が置かれた、小中高等学校で一貫した目標設定。
- ヨーロッパ言語共通参照枠(CEFR)に基づいた、5 領域(「聞くこと」「読むこと」「話すこと[やり取り]」「話すこと[発表]」「書くこと」)ごとの目標設定。
- 中学校の授業は英語で行うことを基本とすること(高等学校では、それ以前の学習指導要領で明記されていた)。
- 高等学校における大幅な科目変更。

　この改訂が、どのような経緯で行われてきたのかを振り返ります。文部科学省大臣が中央教育審議会に「初等中等教育における教育課程の基準等の在り方について(諮問)」という諮問をしたのが 2014 年 11 月のことでした。中央教育審議会初等中等教育分科会教育課程特別部会が設置され、「論点整理」が 2015 年 8 月にまとめられます。この「論点整理」に従って、各ワーキンググループが検討を始めました。外国語教育に関する検討は、主として、「外国語ワーキンググループ」と「言語能力の向上のための特別チーム」で行われました。このワーキンググループの検討結果を踏まえて、中央教育審議会初等中等教育分科会教育課程部会が 2016 年 8 月に「次期学習指導要領等に向けたこれまでの審議のまとめ」を取りまとめました。そして、2016 年 12 月に、中央教育審議会が「幼稚園、小学校、中学校、高等学校及び特別支援学校の学習指導要領等の改善及び必要な方策等について」という答申を文部科学大臣に提出しました。学習指導要領の改訂は、この「答申」に基づいて実施されました。小学校学習指導要領と中学校学習指導要領が 2017 年 2 月

に発表され、約1ヵ月のパブリックコメントを受けて、3月に告示されました。

外国語教育については、2014年の中央教育審議会の「諮問」より前にも、諮問教育再生実行会議第3次提言「これからの大学教育等の在り方について」(2013年5月28日)、第2期教育振興基本計画(2013年〜2017年)、「グローバル化に対応した英語教育改革実施計画」(2013年12月13日、文部科学省)、英語教育の在り方に関する有識者会議(2013年2月〜2014年9月)の中で議論されています。「諮問」では、教科・科目の在り方や目標・内容の見直しについて、一番目に外国語教育に言及し、以下のように書いています。

> 　第二に、育成すべき資質・能力を踏まえた、新たな教科・科目等の在り方や、既存の教科・科目等の目標・内容の見直しについてであります。中でも特に以下の事項について、御検討をお願いします。
>
> 　○　グローバル化する社会の中で、言語や文化が異なる人々と主体的に協働していくことができるよう、外国語で躊躇せず意見を述べ他者と交流していくために必要な力や、我が国の伝統文化に関する深い理解、他文化への理解等をどのように育んでいくべきか。
>
> 　特に、国際共通語である英語の能力について、文部科学省が設置した「英語教育の在り方に関する有識者会議」の報告書においてまとめられた提言も踏まえつつ、例えば以下のような点についてどのように考えるべきか。
>
> ・小学校から高等学校までを通じて達成を目指すべき教育目標を、「英語を使って何ができるようになるか」という観点から、四技能に係る一貫した具体的な指標の形式で示すこと
> ・小学校では、中学年から外国語活動を開始し音声に慣れ親しませるとともに、高学年では、学習の系統性を持たせる観点から教科として行い、身近で簡単なことについて互いの考えや気持ちを伝え合う能力を養うこと
> ・中学校では、授業は英語で行うことを基本とし、身近な話題について互いの考えや気持ちを伝え合う能力を高めること
> ・高等学校では、幅広い話題について発表・討論・交渉などを行う能力を高めること
>
> **中央教育審議会への諮問内容(2014年11月)**

この「答申」の中で、先述した外国語教育に関する改訂の方向性がすで

に示されていることがわかると思います。長々と説明してきましたが、ここ
で示したかったことは、2017 年の小学校・中学校学習指導要領のパブリッ
クコメントをとおして声を上げるのでは遅く、もっと以前に行われる会議等
で方向性を決める段階において、良質な意思決定のためのエビデンスを示す
必要があるということです。

3.　学術研究団体等として取り組むべき研究の問いを立てる

　学術研究団体等が教育実践や教育政策の意思決定のための意見を述べる
機会があります。意思決定のアプローチに基づく英語教育研究においては、
個々の研究者の考えに左右されるのではなく、個々の研究者によって生成さ
れたエビデンスに基づき、学会における意見の合理的合意形成がなされるこ
とが望ましいことになります。
　ここ 10 年間で文部科学省に提出されている学会の提言等を 3 つ紹介します。
まず、日本児童英語教育学会(JASTEC)によるアピール文です。JASTEC は、
これまでにも「小学校から外国語教育を!」(1996 年 6 月)、「小学校で望ま
しい外国語教育を実現するために」(2004 年 10 月)、「JASTEC アピール
――すべての小学生に豊かな外国語教育を!」(2006 年 10 月)というアピー
ル文を発表してきました。最近では、JASTEC は 2012 年 10 月 28 日に「小
学校外国語活動の教科化への緊急提言 ――グローバル社会における国民の
基礎教育として豊かな外国語活動を!」(http://www.jastec.info/file/appeal2012.
html) (以下、「JASTEC アピール」)を発表しています。「JASTEC アピール」
の原案は、JASTEC の中で組織されたプロジェクトチームによって作成され、
その後、役員総会および臨時総会で承認・採択されました。前節で紹介した
一連の流れを考えると、かなり早い時期に学会として意見を発表したという
意味で意義深いものと考えます。
　2 つ目の提言は、2014 年 7〜8 月に小学校英語教育学会(JES)と全国英語
教育学会が共同で発表した「文部科学省で検討中の「小学校英語教育の改革」
に対する提言」(http://www.jasele.jp/2014/08/11/appeal/) (以下、「共同提言」)です。
「共同提言」の冒頭部分では、次のように書かれています。

... 政府の「第2期教育振興基本計画」や文部科学省の「グローバル化に対応した英語教育改革実施計画」に盛り込まれているような実施学年の低学年化、指導時間増、教科化、専任教員配置、地域人材や外部講師を採用するための特別免許の交付等を行うには、上記のような条件整備が不十分なままの見切り発車とならないような万全の準備が必要である。

　小学校における英語教育を対象とする小学校英語教育学会と、中・高・大・社会人の英語教育も視野におく全国英語教育学会の2学会は、これまでの研究成果を踏まえて、小・中・高・大・社会人（含、生涯教育）にわたる英語教育を体系的に捉え、「小学校英語教育の改革」に対して、以下に、その改革に必要な前提を提示し、続いて具体的な提言を行う。

英語教育政策に対して、学会として「これまでの研究成果を踏まえて」提言を行おうとした姿勢は一定の評価ができます。

　3つ目の提言は、2015年10月25日に小学校英語教育学会役員有志が文部科学省に提出した「小学校英語教育の教科化に向けた提言」（以下、「JES提言」）（JES News Letter 号外、2015年10月30日発行）です。News Letter の冒頭では、「小学校英語の教科化に向けての専門部会ワーキング・グループによる検討が始まることに合わせたもので、授業時間編成、教員養成・研修など喫緊の課題についての方向性について、学会として提言する必要があると判断したものです」と説明されています。

　「JASTEC アピール」、「共同提言」、「JES 提言」の中では、様々な点について意見を提案していますが、本節では、小学校外国語教育の開始学年と時間数に焦点を当てます。

　まず、2012年の「JASTEC アピール」は、小学校で外国語（英語）を必修教科とすることを提案し、小学校・中学校・高等学校における一貫した外国語教育を行うことが可能となることによって、「多文化が共存する国際社会に対応するために必要な異文化間コミュニケーション能力を育てることができる」としています。その上で、開始学年については小学校第3学年からの実施を、時間数については第3学年と第4学年では週1時間、第5学年と第6学年では週2時間を提案しています。さらに、中学年においては、「児童が英語や異文化に慣れ親しむ」外国語活動を行い、高学年においては「言

語スキルの獲得も含め、外国語（英語）によるコミュニケーション能力の基礎力を養うことを目標とする」ことを提案しています。その理由として、多くの諸外国が外国語を必修として小学校第1学年から第3学年の間で開始しているという世界の小学校外国語教育の動向が挙げられています。しかしながら、開始学年を下げ、時間数を増やすこと（3倍）によって、異文化間コミュニケーション能力の向上が図られるというデータは示されていません。

次に、「共同提言」では、「英語教育の開始時期および時間数の決定については、多角的な視点から慎重な判断が必要である」として、「現在行われている5・6年生における外国語活動の指導を充実させ、3・4年生における試験的データを十分収集すること」が必要であるとしています。これらの課題を解決してから、開始時期と時間数について提案することを政策に求めています。「これまでの研究成果を踏まえて」作成された「共同提言」ですが、開始時期および時間数の決定に資するデータを「これから」収集することが必要だと述べています。

最後の「JES提言」は、「外国語学習は、従来の週1コマ（年35時間）では、体験のレベルにとどまらざるを得ず、一定の習得をめざす場合、最低でも週2コマ（年70時間）以上が望ましい」として、先述の「論点整理」に提示された方向性について一定の評価ができるとしています。しかしながら、「JES提言」では時間数を増やすことが一定の習得につながるデータは示されていません。

開始学年や時間数に関する意思決定を行うために必要なエビデンス（少なくとも、何らかのデータ）が提示されなかったのは、この課題が急であったためとは考えづらいように思われます。というのは、早くから開始学年と時間数については課題意識があったからです。たとえば、JASTECが2006年10月に発表した「JASTECアピール——すべての小学生に豊かな外国語教育を！」（http://www.jastec.info/file/qppeql_2006.html）の中ですでに開始学年や時間数の提案がなされています。また、外国語教育の開始年齢の効果については、国際的にも関心が寄せられ、たとえば、Muñoz(2006)は、スペインで行われたBarcelona Age Factor (BAF) Projectの研究成果を報告しており、開始年齢が早いからと言って効果が見られるとは限らないことを示してい

す(バトラー、2015; Muñoz, 2014 参照)。

　しかし、先述の 3 つの提言が発表された時期から、開始学年や総履修時間数が英語力や情意面に与える影響を調べようとする試みが見られるようになります(植松・佐藤・伊藤、2013; 長谷川、2013; Fennelly, Luxton, & Fukuda, 2014; 和田・木下・菊原・和田・酒井、2019)。ここでは、英語力に焦点を当てて、研究の内容を紹介します。植松他(2013)では、6 年生を対象にリスニングテストを実施した結果、開始学年の違い(1・2 年生 vs. 5 年生)による有意な差は見られませんでした。また、総履修時間の違い(160–210 時間、135 時間、95〜110 時間、50〜75 時間)も有意な差は見られませんでした。長谷川(2013)は、6 年生を対象にリスニングテストを実施しましたが、開始学年(1 年生、4 年生、5 年生)が異なる学校間で統計的な有意差は見られませんでした。Fennelly et al.(2014)は、中学 1 年生に対してリスニングテストを実施しましたが、小学校における開始学年の違いや指導形態による差は見られませんでした。和田他(2019)は、開始学年と総履修時間数の異なる 3 つの学校に対して 3 年間にわたってリスニングテストを行いましたが、開始学年と総履修時間数の効果は明確に示されませんでした。これらの研究は、開始学年や時間数が英語力の向上に効果があるのかどうかを検討しようとした試みとして意義深いと思いますが、ランダムサンプリングがなされていないなど、エビデンスの質(第 2 章参照)の点から考えると課題もたくさんあり、改善の余地が残ります。

　上記の 4 つの研究と異なるリサーチデザインで開始学年や時間数の効果を検証した研究として、寺沢(2017、2018)や豊永・須藤(2017)が挙げられます。両研究とも、2009 年に中学 2 年生約 3,000 名を対象にして実施されたベネッセ教育総合研究所「第 1 回 中学校英語に関する基本調査・生徒調査」(https://berd.benesse.jp/global/research/)の調査データを再分析しています。寺沢は、小学校英語の学習経験の効果として、学習経験があれば偏差値換算で慣れ親しみの得点が 1.5 ポイント(統計的有意)、英語学力は 2.2 ポイント(統計的有意)、異文化への態度は 1.2 ポイント上昇することを報告しています。慣れ親しみと英語学力の点では統計的に有意な結果が得られましたが、小学校英語に莫大なコストをかけているわりには、費用対効果が極めて小さいと

述べています。また、小学校における英語の総学習時間に関しても、極めて小さい効果であったことを示しています。豊永・須藤(2017)は、開始学年が早いほど、英語学力、外国語の慣れ親しみ、グローバル人材意識が高いことを示しましたが、共変量を統制した場合には、その効果が見られなくなり、小学校 1 年生もしくは 2 年生という開始学年のみが中学校における英語学力に効果があったとしています。今後は、英語教育の教育政策の意思決定に資するエビデンス生成の分析が可能となるような、質のよい大規模調査が求められます。

　意思決定のアプローチによる英語教育研究の点からは、学会としても取り組むべき「問い」を検討し、質の高いエビデンスの生成を促進すること、また、そのエビデンスに基づいて合理的な合意形成を行うことが重要です。

第 8 章

測定モデルと共通変数を問う
——PK-Test を事例に

本章では、国が実施してきた中高生の英語力測定のための調査を概観し、教育政策的エビデンスを創出するためのテストのあり方について論じます。そして、英語教育の成果測定に用いるための共通の道具として、**PK-Test**(根岸・村越、2014)に着目し、このテストを共通成果変数として策定するための具体的な手続きを提案します。

1. 成果検証のための共通成果変数

　英語教育における施策や処遇の成果（アウトカム）を検証し、解決すべき課題を抽出することをとおして、**教育政策的エビデンス**の創出を試みるためには、その前提として、学習者の英語力の伸長を測定する道具立てが必要です。この道具の第一候補として挙がるのが、英語力を測定する何らかのテストです。

　ただ、一口に英語力を測定するテストといっても、実際には多種多様なものがあります。もちろん、テストの実施目的が異なればテストの形式や内容が異なるのは当然です。逆に、目的が同じ（たとえば、英語力全般を測定するという目的）であれば、同一のテストを実施することが原則となります（2つの異なるテストでも、適切に等化がなされれば、テストの結果を比較することは理論的には可能になりますが）。この場合、ある一定期間の指導を行った後にだけ、テストを実施してもその成果は測れません。指導の前と後に同じテストを繰り返し実施することで、その成果（能力の伸長）を測ることができます。このような研究のデザインを**事前・事後テスト計画**（pre-post test design）と言います[1]。さらに、指導後、一定期間が経過したところで、遅延テストを実施することで、効果の持続性も含めて検証することができます。これを**事前・事後・遅延テスト計画**（pre-post-delated test design）と言います。

　このように、指導の成果を検証するために必要な手続きを丹念に検討し、適切な順に実施していくことで、成果検証は可能になっていきます。そのような過程の中で、事前テストと事後テストが異なるテストであったならば、異なる能力を測定しているかもしれませんから、そもそも比較が不可能になってしまいます。

　しかしながら、成果検証を行う際に、常に我々が直面するのが、テストを使って測りたいもの（例: 英語力全般）を適切に測れるかという問題です。

---

[1] 計量経済学や社会学では、**差分の差分法**（difference in differences; DID）、より一般的には**平均処置効果**（average treatment effect; ATE）という用語がありますが、事前・事後テスト計画も含め、いずれも大きくコンセプトが異なるものではありません。心理学の影響が強い英語教育分野では、検証のために**分散分析**（analysis of variance; ANOVA）が頻繁に使用されてきました。

つまり、テスティングの用語を使えば、**妥当性**(validity)や**信頼性**(reliability)が高いテストの作成が可能かどうかということです。とくに、教育政策的エビデンスを産み出すためには、妥当性や信頼性が高いテストを用いて、英語力の伸長を測定する必要があります。

　また、エビデンスの質を上げるためには、1つの効果検証研究だけではなく、類似性の高い研究を数多く積み重ねていき、研究対象としている集団(例：日本の中学3年生)の全体的傾向を偏りなく明らかにする検証が必要です。複数の研究結果から、質の高いエビデンスを産み出すためには、各研究において、英語力測定のために使われているツール(テスト)が同一であることが求められます。Aの指導法を研究するある調査ではXという英語のテストを、そして、Bの指導法に関する研究ではYというテストを用いた場合、この2つの研究成果を純粋に合体して、1つの結論を提示することは原則的にはできません(図8–1左側)。そもそもテストによって測定しているものが異なっているのだとしたら、指導法Aが指導法Bよりも効果的であるとか、またはその逆であるといったような論が成り立たないのです。

　逆に、AとBの研究で同じツールを用いていれば、言い換えれば、測定に使用される**共通成果変数**(共通アウトカム、共通尺度、common outcome)があったならば、エビデンスの質を上げることが可能だったかもしれません。同じ土俵に立って、指導法Aと指導法Bの効果を比較することができるからです(図8–1右側)。

　しかし現在の英語教育研究では、このような成果を測定するための変数がバラエティに富んでおり、それ自体は、英語力の**構成概念**(construct)の多様性を示していると思われますが、一方で、この多様性があるがゆえに、信

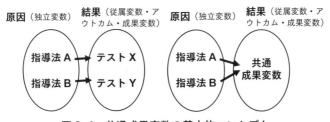

図8–1　共通成果変数の基本的コンセプト

頼に足る教育政策的エビデンスが生み出されにくい現状になっています。成果検証をする英語教育研究を、よりいっそう比較可能なものにしていかなければなりません。

2. 国のレベルで英語力はどう測られてきたか

国(文部科学省や国立教育政策研究所)は、学習指導要領で示されている内容が教育実践において適切に実施されているかどうかを評価し、その後の教育課程の改善を行うことを主たる目的として、様々な調査事業をこれまでに実行してきました。この 20 年間(21 世紀に入って以降)の、中学校および高等学校の生徒を対象にして、英語力を測定する何らかのテストを実施した主な調査事業[2] は表 8.1 のとおりです。

中学校	① 2002 年 1〜2 月	中学 1〜3 年生	教育課程実施状況調査
	② 2004 年 1〜2 月	中学 1〜3 年生	教育課程実施状況調査
	③ 2005 年 11〜12 月	中学 3 年生	特定の課題(話すことに関する調査)
	④ 2010 年 11 月	中学 3 年生	特定の課題(書くことに関する調査)
	⑤ 2014 年 1〜3 月	中学 1〜3 年生	学習指導要領実施状況調査
	⑥ 2015 年 6〜7 月	中学 3 年生	英語教育改善のための英語力調査
	⑦ 2016 年 6〜7 月	中学 3 年生	英語教育改善のための英語力調査
	⑧ 2017 年 6〜7 月	中学 3 年生	英語教育改善のための英語力調査
	⑨ 2019 年 4 月	中学 3 年生	全国学力・学習状況調査
高等学校	① 2002 年 11 月	高校 3 年生	教育課程実施状況調査
	② 2005 年 11 月	高校 3 年生	教育課程実施状況調査
	③ 2014 年 7〜9 月	高校 3 年生	英語教育改善のための英語力調査
	④ 2015 年 6〜7 月	高校 3 年生	英語教育改善のための英語力調査
	⑤ 2015 年 11 月	高校 3 年生	学習指導要領実施状況調査
	⑥ 2017 年 6〜7 月	高校 3 年生	英語教育改善のための英語力調査

表 8–1　21 世紀以降に国が実施した中高生の英語力測定のための調査

---

[2] 実際に生徒にテストを実施する方法ではなく、資格・検定試験の級やスコア等の取得状況を申告してもらったり、資格・検定試験の級やスコア等を保持していない生徒について、それに相当する英語力を備えているかどうかを教師に判断してもらうことをとおして、生徒の英語力の実態を明らかにしようとした調査もあります(例: 2013 年度〜2019 年度に毎年実施された「英語教育実施状況調査」)。

　中高ともに①と②は、異なる学習指導要領の下で指導を受けた生徒を対象としているため、学習指導要領の改訂による成果を測定することが一つの目的であったと言えます。そのため、これらの調査では、①で用いた問題と同一の問題を②にも組み込み、採点結果を比較しています。②の報告書では、「前回の同一問題の通過率[3]を上回った」や「前回の同一問題の通過率を下回った」というように、問題タイプごとに個別に比較分析の結果が報告されています。同様に、中学校の⑤や高等学校の⑤では、①や②と同一の問題を使用することで、経年比較ができるように設計されています。ただし、これらの調査(中学校①②⑤と高校①②⑤)では、全体的な英語力の伸長に関する比較検証は行われていません。

　英語力をより総合的に測定しようと試みたのが、**CEFR**(ヨーロッパ言語共通参照枠)を参照した分析方法を導入した「英語教育改善のための英語力調査」(中学校⑥⑦⑧／高校③④⑥)です。この調査は、国が主導して、全国から無作為抽出で行った初めて[4]の四技能型試験でした。「日本人学習者は自分の能力を過小評価する傾向にあること」を考慮しながらも、CEFR レベルの判定を生徒の自己評価(「英語 CAN-DO アンケート」)だけで行った点など、方法論的に不十分であると思われるところがあります。したがって、この調査結果の教育政策的エビデンスの質は総合的に高いものであるとは必ずしも言えません。しかしながら、ここから得られた教育的示唆が、その後に公示された学習指導要領に反映されていると思われる部分がいくつかあります。

　たとえば、2016 年に中学校で行われた調査(中学校⑦)の報告書には、話すことに関して、「即興的に話す力については、一度の授業で身に付くものではないことから、例えば毎回の授業の帯活動などを通して継続的に指導す

---

[3] 国の調査では、「正答率」ではなく、「通過率」という指標を用いています。報告書では「設定通過率は、学習指導要領に示された内容について、標準的な時間をかけ、学習指導要領上想定された学習活動が行われた場合、個々の問題ごとに、正答、準正答の割合の合計である通過率がどの程度になると考えられるかということを示した数値である」と説明されています。

[4] 2014 年に実施された「学習指導要領実施状況調査」(表 8.1 の中学校の⑤)では、話すことの試験も実施し、4 つの技能すべてを扱っていますが、話すことについては、調査の実施時期が異なり、また参加生徒数も 383 名と少なくなっています。報告書については「補完的に実施した」と記載されていることから、この調査は四技能を全体的に測定しているものではありません。

ることが必要である」と記載があります。2017 年（平成 29 年）に告示された中学校学習指導要領の解説には、「即興で話す力については、一度の授業や言語活動で身に付くものではない。1 年生から即興で話す活動に継続的に取り組ませることで、即興で話す力を高めていく必要がある」とほぼ同様の内容が見られます。

　このように、その時点での英語教育の課題を抽出し、次の学習指導要領の改訂に反映していくという政策的な取組みは、現状の問題点から次の課題を見出していくという点において適切なプロセスだと思われます。しかし、英語力の測定方法に何らかの問題がある限り、そこで打ち出される政策内容の意義は下がってしまいます。上述した調査では、英語力を測定するだけではなく、生徒および教員への質問紙調査も行うなど、複数の手法を用いることで、適切に実態を捉えるための努力を行っているものの、質の高い教育政策的エビデンスを産み出すためには、一つ一つの手法の妥当性や信頼性を確保する努力がさらに必要だと言えます。

3．英語力を測定する際に留意すべきこと

　国が行った「英語教育改善のための英語力調査」では CEFR を英語力の指標と捉え、テストデザインを行っています。英語力を測定する場合に必要なことは、まずは英語力が何から構成されるか、つまり構成概念を深く考えることです。さらに、その概念を何らかの手法で測ることができる形に落とし込んでいく必要があります。言い換えれば、英語力を測定する場合、その英語力という抽象的な概念を、測定可能な、つまり、操作可能な具体的な形に落とし込んでいくことが必要です。

　英語力については、その多面性や階層性を可視化した（可視化しようと試みた）様々なモデルが提案されてきました[5]。たとえば、英語力に換わるものとして、長年、日本の英語教育研究では「コミュニケーション能力」（Canale

---

5　英語力は、一元的であるのか、多面的であるのか、または階層的な構造を成すかについては応用言語学や第二言語習得研究においても歴史的に重要な研究テーマです。とくに、複数の技能を測定するテスト間の相関関係などを研究し、英語力の構造に迫る研究アプローチを**構成技能アプローチ**（component skills approach）と呼びます。

& Swain 1980; Canale, 1983) という概念が幅広く用いられてきました。この能力モデルでは、コミュニケーション能力は文法的能力、談話的能力、方略的能力、社会言語学的能力という4つの構成概念から成り、とくに日本の英語教育では「文法的能力ばかりを育成していて、他の3つの能力が不足している学習者が多い」といったように、指導のあり方を批判する際にも用いられてきました。しかしながら、そのような批判の根拠として、4つの能力をそれぞれ測定する妥当性と信頼性の高いテストを用いた検証結果が示された研究は多くはありません。なぜなら、コミュニケーション能力を構成するとされるこれらの下位能力を測定可能なレベルにまで具体化する作業は一筋縄ではいかないからです。その結果、測定のしにくい構成概念については、相対的に印象や思弁による議論になりやすいのです。

　言語能力を測定可能なレベルにまで具体化することが難しい理由の一つに、テストが抱える限界性が挙げられます。ここで、2019年4月に中学3年生を対象に行われた全国学力・学習状況調査の問題（ただし、実際ここで取り上げる例は、この調査の1年前に行われた予備調査の問題）を見てみます。取り上げるのは、話すことの問題の一つである「聞いて把握した内容について、やり取りをすることができる」かどうかを測るテストです。問題の指示文は次のとおりです。

　　あなたは、ナオミと、イギリスから来たリチャード先生の3人で話をしています。まず、ナオミとリチャード先生が、2人で話している場面から始まります。その後、あなたが尋ねられたら、2人のやり取りの内容を踏まえて、英語で応じてください。解答時間は20秒です。それでは、始めます。

　実際に音声で流れたナオミとリチャード先生の会話のスクリプトは次のとおりです。最後のナオミの質問に受験者（生徒）が答えることが求められています。

Richard: I want to visit three countries: the U.S., Australia, and China.
Naomi:　 Why do you want to go to the U.S.?

Richard: Because I want to see a baseball game there. I'm interested
         in baseball.
Naomi: I see.
Richard: And I want to go to Australia again.
Naomi: When did you go?
Richard: Two years ago. It was a lot of fun.
Naomi: Oh. I want to visit Australia.
Richard: Great!
Naomi: Well, do you have any other questions for him?

　この問題の解答例は Why do you want to go to China? となっていますが、この解答以外にも、許容される解答が複数ありそうです。たとえば、実際のコミュニケーションでは、相手の話を聞き取れなくて、聞き返すことがよくあります。その場合は、Pardon? や Excuse me? と言いますが、こうした応答はこの問題では許容される解答になるでしょうか。また、コミュニケーション・ストラテジーの一つとして「話題を変える」というものがあります。たとえば、By the way, I'm hungry. はどうでしょうか。実際の言語使用の場面で行われていることすべてをテストでも許容していくと、テストが成り立たなくなることは容易に想像がつきます。言い換えれば、テストという制約があるため、実際にあり得る言語使用の部分的な側面しか正解とは見なされないということです。測りたい能力（図 8–2 の左の円）があり、その測定を目指してテスト問題を作ったとしても、その問題が実際に測っている能力（同、

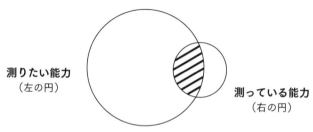

測りたい能力
（左の円）

測っている能力
（右の円）

図 8–2　測りたい能力と測っている能力の関係

右の円)が、測りたい能力の一部分しかカバーせず、また、想定した能力以外の何らかの能力を測ってしまうことが、テスト問題作成において起こりうることを覚えておく必要があります。テストにはこのような限界性の問題が常に付きまといます。

　一方で、限界があることを理解した上で、この図の斜線部分(測りたい能力と測っている能力の重なり)を広げようとする試みは、言語テスト分野において、日々行われています。とくに、high-stakes なテストを商品として開発しているテスト作成機関は、テスト問題の改良に日々取り組んでいます。また、国の調査でも、学習指導要領の内容がどの程度達成されているかを測るために、様々に工夫された問題を作成する努力が続けられています。実際に、過去の調査問題では、教育政策的エビデンスに資する可能性のある成果物が見られたケースもあります。次節では、過去の国の調査問題から、意義のある教育的示唆が見られたと考えられる例を紹介します。

4.　国の調査で出題された文法に関する問題

　ここでは、2010 年 11 月に中学 3 年生を対象に実施された「特定の課題(書くことに関する調査)」の調査問題(表 8.1 の中学校の④)を取り上げます。この問題形式(以下で示す【内容 B】の形式)は、2014 年 1〜3 月に中学生を対象に行われた「学習指導要領実施状況調査」(同、⑤)や 2019 年 4 月に同じく中学生を対象に行われた「全国学力・学習状況調査」(同、⑨)でも出題されており、国がこの問題に何らかの意義を見出していると推察できます。その意義については、後述しますが、まずは、この調査の問題を見てみます。

　この調査では、【内容 A】と【内容 B】の 2 つのタイプの問題を、それぞれ異なる生徒が受験しています。【内容 A】は 1644 人、【内容 B】は 1581 人の中学 3 年生がそれぞれ受験しています。この受験者は、無作為に抽出した全国の国公私立中学校の生徒であることから、両タイプの生徒の能力差はないという前提で考察していきます。

【内容 A】	【内容 B】
＜歌舞伎公演のポスターを見て＞	＜歌舞伎公演のポスターを見て＞
Koji: Do you know about kabuki?	Koji: Do you know about kabuki?
Mike: <u>Yes, but I have seen it.</u>	Mike: Yes, but _____ it.
（否定文にしなさい。）	(see)
Koji: Really! Then you should see it. Let's go together.	Koji: Really! Then you should see it. Let's go together.

　【内容 A】は、下線部を「否定文にしなさい。」という指示に従って書き換える問題で、正解は Yes, but I haven't (have not) seen it. ／ Yes, but I have (I've) never seen it. となります。【内容 B】は、与えられた動詞を適切な形で用いて、下線部に意味の通る英語を書き入れる問題で、正解は【内容 A】と同じです。この調査結果の報告書では、【内容 A】は、使用すべき文法形式について、すでに現在完了の肯定文が与えられていて、それを否定文にすると明示されていることから、「形式規定型」と呼ばれ、一方、【内容 B】は生徒自らが使うべき文法形式を選ぶ必要があることから「形式判断型」と呼ばれています。

　この 2 タイプの問題の採点結果による通過率（正答率）は、【内容 A】が65.3%、【内容 B】が 24.5% でした。【内容 B】で正解を得られないということは、既習の文法事項（現在完了は、この調査時点より半年程度前に学習した事項）を頭の中のレパートリーから引き出せないことを意味しています。よく一般に「習ったけど使えない」「知っているけど使えない」と言われますが、その現象を具体的に示したものとして、この調査の意義は高いと考えられます。ここからどのような教育的示唆が得られるでしょうか。「形式規定型」の問題はできるけれども、「形式判断型」の問題ができない生徒に対して、たとえば、「問題集の現在完了のページを復習しなさい」という助言をすることは適切ではないでしょう。この生徒の課題は、「現在完了」と明示されればその操作はできるけれど、現在完了を使うべき場面ではそれが明示されなければ、使えないということです。したがって、他の手法（たとえば、他の文法事項と一緒に学習することなど）を促す指導が必要になります。この形式

判断型の問題を出題した 2014 年実施の「学習指導要領実施状況調査」と
2019 年実施の「全国学力・学習状況調査」とを合わせた分析結果からの教
育的な示唆は以下のようになっています。

「特定の課題（書くことに関する調査）」（2010 年）からの示唆
指導に当たっては、相手からの質問や依頼などを聞いたり、読んだりして、そ
の意図を正しく理解し、適切に応じることができるように指導することが必要
である。具体的には、文脈に適切な英文 1 文を多肢選択方式で選ばせる段階か
ら、生徒の理解度に応じて形式判断が必要な段階へと指導内容を工夫すること
が考えられる。

「学習指導要領実施状況調査」（2014 年）からの示唆
指導に当たっては、文脈を正しく判断し、どのような言語形式がその文脈に合っ
ているか判断することができるように指導する必要がある。また、時制につい
ては、様々な動詞の形の中から文脈にふさわしいものを考えさせるなどの指導
が考えられる。

「全国学力・学習状況調査」（2019 年）からの示唆
指導に当たっては、一文のみを示して空欄の動詞の形を変えさせるのではなく、
対話や文章の流れからふさわしい文の形式や時制を考えさせる活動などが考え
られる。

いずれもほぼ同じ内容です。つまり、ここ 10 年にわたる中学生の課題が
解決されていないということです。一方で、複数の調査で継続して課題とし
て挙げられているということは、この問題が優先的な解決課題であることを
示しています。これまでの本章の論点から考えると、教育政策的なエビデン
スを提供する可能性がある共通成果変数をこのテスト問題が明らかにしてい
ると言えます。

5. 「形式判断型」テスト、別名 PK-Test（根岸・村越、2014）

国の調査で使用されてきた「形式判断型」のテストは、問題の形式から
見るならば、会話完成型のテストと言えます。このような会話完成型のテス

トや活動は Discourse Completion Task（DCT）[6] とも呼ばれ、たとえば、**中間言語語用論**（interlanguage pragmatics）の分野において、**発話行為**（speech acts）上の語用論的能力を測定する手法の一つとして利用されてきた実績があります。しかし、上で紹介した国の調査では、語用論的能力を測定しているというよりむしろ、文法に関する知識を測定しています。これに関して、根岸・村越（2014）は、文法事項を活用できるかどうかを測定するために作られた DCT 型のテストを、実際に使える知識（言葉では説明できない知識）と定義される**手続き的知識**（procedural knowledge）を測定している面が強いテストであることから、PK-Test と名づけました。彼らがこのように名づけた背景には、第二言語習得に関する次のような考え方があります。彼らは、教室における外国語としての英語習得の段階、つまり、日本の中学校・高等学校における英語学習（文法の習得）の段階を以下の 4 段階に分類しています。

第 1 ステージ　使用（－）　宣言的知識（－）
第 2 ステージ　使用（－）　宣言的知識（＋）
第 3 ステージ　使用（＋）　意識的使用（＋）
第 4 ステージ　使用（＋）　意識的使用（－）

　第 1 ステージは、言葉でその規則などを説明できる知識（実際には使用できない知識）と定義される**宣言的知識**（declarative knowledge）もなく、使用もできない状態、第 2 ステージは、教室内の学習により宣言的知識を獲得した段階、第 3 ステージは、意識すればその文法を使える段階、最後の第 4 段階は、練習を繰り返すことで、無意識に使用できる段階としています。この段階は、第二言語習得における Skill Acquisition Theory の核となる考え方である、宣言的（declarative）→ 手続き的（procedural）→ 自動的（automatic）という 3 つの発達段階で習得が進んでいくというコンセプト（DeKeyser, 2007）をベースとしたものと言えます。根岸・村越（2014）は、第 1 ステージと第 2 ステージのどちらに学習者がいるかについては、空欄穴埋め式や正誤判断などの形式による従来型の文法テストで測定可能であり、第 4 ステージは、

---

[6] 今回紹介した国の調査のように、ライティングの問題として用いる場合は、Written Discourse Completion Task（WDCT）とも呼ばれています。

学習者が実際に産出した英語から判断できるとしています。一方で、宣言的知識を獲得した次のステップになる第 3 ステージに関わる能力の測定はあまりされてこなかったことから、その段階の能力を測定するための方法として、会話完成型のテスト形式で、文法の使用の知識を測定する「形式判断型」のテストに注目し、それを **PK-Test** と名づけたわけです。

　ただ、一般的に、手続き的知識は、学習者がほとんど注意を向けなくても（意識をしなくても）使用できる知識のことを指す場合が多いことから、このテストが本当に意識的使用としている第 3 ステージを直接的に測定できるかどうかはやや疑問が残ります。また、注意を向けないことに加えて、ある程度のスピードを持って言語を使用することができるのが手続き的知識であるとされる場合も多いため、このようなライティングの試験の中でその速さを測定できるかどうかもやや疑問があるかもしれません。

　しかしながら、宣言的知識だけを持っていて、まだ使用ができない第 2 段階をクリアする、つまり、手続き的知識の獲得のプロセスに入るという意味で、第 3 段階に関わるテストを Procedural Knowledge Test と呼ぶという判断であれば、あくまで名付けの問題であり、テストの意義までを疑う必要はないと言えます。前節で見たように、このテストは、国の調査で何度も用いられており、その結果から意義のある教育政策的エビデンスが認められる以上、このテスト自体には高い意義があります。つまり、念頭に置いている第二言語習得の研究知見や、構成概念については研究者の異論があったとしても、教育実践上の価値、そして現在に至る英語教育政策上の経緯からも評価できます。

　根岸・村越（2014）は、PK-Test を作成するにあたり、**定型言語**（formulaic language）[7]で答えられる場合は、厳密な意味での文法の手続き的知識を測定できないとし、比較検証のために、定型言語を用いて解答が可能な問題とそうでない問題の 2 タイプを設定するなど、PK-Test の測定の精度を上げる試みを行っています。また、先行研究に基づき、日本の中学生・高校生の習得

---

[7] ここでは、文法の規則などによらずとも、いわゆる表現全体を丸暗記（全体処理）したり、または一部の要素を置き換えたりすることによって理解や産出が可能となる表現を指します。コロケーション、イディオム、または一種の特徴的な構文などが当てはまります。

にばらつきのある文法事項を対象としたテスト問題の作成を行っています。
この点を考慮すれば、PK-Test は日本の中学生・高校生の英語力の実態調査
のために使用する意義が高いテストと言えるのではないでしょうか。

6. 共通文法テストとしての PK-Test を共通成果変数へ

国の複数回の調査により、PK-Test の文完成の問題が、現在の英語教育の
課題を抽出できる可能性があることがわかりました。とくに、この問題形式
は、「習ったけど使えない」という、英語の教師であれば常に直感的に指導
の課題であると認識してきた点を具体化していることから、英語教育の改善
に資する可能性があります。また、新しい学習指導要領の下では、育成すべ
き資質・能力の 3 つの柱の 1 つとして、「知識及び技能」が挙げられていま
すが、「知識」に該当するものが「形式規定型」の問題で測定でき、「技能」は、
「形式判断型」の問題で測定できるとされています（国立教育政策研究所教育
課程研究センター、2020）。一般的に言って、学習指導要領にて示される資質・
能力の 3 つの柱と、研究者ないし教育実践者が使用する構成概念の対応関
係が不明瞭な場合が多く見られますが、PK-Test は上記のように学習指導要
領にて示される技能観と親和性が高く、新課程における指導や評価において
もこの問題形式は有意義なものであると考えられます。

さらに、資格・検定試験のように、数時間にもわたる受験時間は必要で
はなく、採点も比較的容易なテストです。先にテストの限界性についても触
れましたが、PK-Test では測ろうとしていることと実際に測れることの乖離
も比較的少ないと言えます。これらの点において、現在、成果変数が多様に
なりすぎている日本の英語教育研究で、PK-Test は共通成果変数の一つの候
補、土台、またはモデル事例となり得ると考えられます。

前節で述べたとおり、このテストの名前には誤解を招く可能性があるこ
とから、以後、本書では、実際に共通変数となり得ることを期待しつつ、便
宜的に**共通文法テスト**という呼び方をします。より質の高い教育政策的エビ
デンスを生み出すためには、この「共通文法テスト」の考え方を用いて、よ
り精度の高い検証方法を構築していく必要があります。そのために、本書の

執筆メンバーによる研究プロジェクトの中で、「共通文法テスト」を中学生・高校生に実施し、その結果の分析に基づき、共通成果変数としての「共通文法テスト」の条件を抽出する試みを次に紹介します。

7. 執筆メンバーによる **PK-Test** を使用した予備調査

　本書の執筆メンバーは、2016 年度および 2017 年度に、中部地区の公立高等学校 2 校に在籍する 1〜3 年生 (N = 2630) を対象として、PK-Test を使用した予備調査を実施しました。この予備調査の結果は、第 48 回中部地区英語教育学会石川大会における課題研究シンポジウム「英語教育のエビデンス：評価と活用」にて発表されました (草薙、2019)。以下にこの調査の要約をまとめます。

　まず、根岸・村越 (2014) は、「形式判断型」の問題では、文法知識ではなく、定型言語 (formulaic language) の知識を駆使することで、正解を導き出せる場合もあることを考慮して、文法知識を駆使して解くことを想定したフォーム A に加えて、定型表現の知識で解ける問題としてフォーム B を作成しました。両フォームは、11 種類の同一の文法事項が正解になる問題から構成されて

項目	フォーム A	フォーム B
1	過去形	will
2	現在完了	第 5 文型
3	関係代名詞 who	because
4	because	第 4 文型
5	現在進行形	受動態
6	be going to	現在完了
7	仮定法過去	be going to
8	will	仮定法過去
9	第 5 文型	現在進行形
10	第 4 文型	過去形
11	受動態	関係代名詞 who

表 8–2　各フォーマットにおける文法項目の構成

います[8]。表 8–2 が、これら 11 種類の文法項目の構成です。

　最初にそれぞれのフォームの信頼性を検証した結果、PK-Test は、非常に高い信頼性を持つとまでは言えないものの、各問題の弁別力は総じて高いということがわかりました[9]。また、ほぼすべての問題の通過率が強く相関しており、全体として一貫した能力を測定している証拠も見られます。同時に、フォーム A とフォーム B における問題の正解率の相関が高いこともわかりました[10]。これらの結果は、村越・根岸(2014)の報告と一致しています。

　また、TOEIC など様々なテストにて使用されている得点化方式である**項目反応理論**(IRT)を使用してテストデータを分析したところ、項目反応理論のモデルはテストデータに対して適切にフィットしたことから、慣習的な合計点方式ではなく、項目反応理論を使用したテスト運用が可能であることが示唆されました[11]。項目反応理論を使用すれば、複数の等化されたフォームの開発や得点化の運用が期待できます。つまり、実際に同じ能力を図るテストを複数のヴァージョンで使い、同じ「ものさし」として使用できる可能性が示されたのです。

　さらに、**ベイズ統計**(Bayesian Statistics)という方法を使用し、項目反応理論によって得点化された能力値における学年間の差を検証したところ、フォーム A では、予想されるように 1 年生＜2 年生＜3 年生という関係に、そして

8　ここでのフォームとは、同一のテスト内に属する異なるテスト問題のセットのことです。テストの開発段階において、複数のフォームを使用して結果を比較することによって、テストの信頼性や、形式の妥当性、そして問題の品質などについて検討します。ここでは、定型表現の知識がテスト成績に及ぼす影響を検討するためにフォーム B を設けています。結果として、フォーム A のほうが高い信頼性を示しました。

9　最初に**古典的テスト理論**(classical test theory)を使用して、項目テスト相関の値によって弁別力を評価しました。フォーム A、フォーム B の全項目において、最も弁別力が低い項目であっても、.20 を下回ることはありませんでした。全項目における弁別力の平均値は .43 でした。なお、**信頼係数**(reliability coefficient)として使用されるクロンバックの α の値は、フォーム A、フォーム B それぞれ $\alpha = .58$ [.55, .62]、$\alpha = .43$ [.39, .48] でした。上記の信頼区間は 5% 水準でブートストラップ法によって構築されたものです。

10　文法項目ごとに対応づけた通過率の相関係数は、$r = .67$ でした。

11　なお、項目反応理論のモデルの検討には、1 母数(ラッシュ)モデル、2 母数モデル、3 母数モデルの 3 つが検討されました。どちらのフォームにおいても、2 母数モデルが最も高い適合度を示しました。項目および被験者のフィットも検討したところ、モデルを大きく逸脱する項目はありませんでした。

フォーム B では 1 年生＜3 年生＜2 年生という関係になっていると見なせることがわかりました。フォーム B では 2 年生と 3 年生の順序が逆になっています[12] が、同じテストを使用して学年に伴って能力値が上昇していくという事実は、妥当性の一つの側面の証拠を与えるものだと考えられます。

　ここまでの調査から、この PK-Test が共通成果変数を開発するための優れたモデル事例になりうると研究チームは暫定的に考えました。

8.　今後の方針

　しかしながら、現状においてこの PK-Test を、英語教育研究における共通成果変数として一般社会に公開し、そして実際に活用できるかと言えば、乗り越えるべき壁がまだまだたくさんあります。ここでは例として、以下のような点を挙げます。

（a）　問題の絶対数
　PK-Test は 11 個のテスティング・ポイント（測る文法項目）と 2 項目ずつしか問題を持っていません。共通成果変数として、問題の性能を徹底的に検証し、精選し、さらにより多くの等化されたフォームを開発するためには、現在の規模の数倍から数十倍の問題数（**問題プール**）が必要になります。現在、本書の執筆メンバーは、中学校・高校の教員、そして言語学、英語教育、そして教育評価の専門家の協力を得ながら、テスティング・ポイントを保存しながら問題数を増やし、数段階にわたる予備調査を実施する計画をしているところです。

（b）　妥当性の検証
　構成概念の妥当性にも様々なフレームワークがありますが、いずれにせよ、

---

[12] このことは、フォームに含まれる問題の特性に由来する差だと推測できます。フォーム A は定型言語によらない知識の測定を目的としており、より多くの文法項目が既習となる高学年のほうが高い能力値を示すことが期待されます。そうした意味では、フォーム A のほうが望ましい性質を持つとも考えられます。しかしながら、この点についてはさらなる調査が必要だと研究チームは考えています。

妥当性については、ただ一つの証拠をもって妥当であるなどと言い切れるものではありません。共通成果変数を開発するためにも、以下のような証拠を総合的に検査する必要があります。妥当性の検証も、もちろん研究プロジェクトの一環です。

- 測定する概念が一貫している
- 一般的熟達度と相関する
- 他の文法テストと相関が強い
- 文法テスト以外のテストと比較的相関が弱い
- 各学年や学校種を弁別できる
- 言語学の専門家が内容的に妥当であると判断する
- カリキュラムや教育行政の専門家が学習指導要領や現行の教科書内容との齟齬がないと判断する
- 中学校・高校の教師が教育実践の実情を十分に反映していると判断する
- テスト内に人種、性別、文化などに関する差別的な表現がない
- 男女間や地域差によって大きな偏りがない

(c) 公開と運用の準備

実際に、PK-Test を共通成果変数として運用するためには、将来的に以下のような技術的な整備も必要となるはずです。

- 使用許諾に係るライセンスやデータ管理計画を作成する
- 他の試験との換算得点表を作成する
- 自動的に得点化し、結果を出力するウェブ・サーバを開発する
- **コンピュータ適応型テスト**(CAT)への対応

このようにまとめると、PK-Test を土台にしながらも、新しい共通成果変数を開発することは非常に困難で、遠い道のりのように見えます。しかし、このような共通成果変数の開発が技術的に不可能なわけではなく、教育政策のエビデンスを創出するためには、避けては通れない必須の作業であると考えられます。そして筆者たちは決して、英語教育全体において「ただ共通成果変数だけがあればよい」という主張をするわけでもありません。多様な構

成概念に関する様々な取組みが今後いっそう英語教育研究に必要になること
は変わりません。

　また、執筆メンバーによる研究プロジェクトは、共通文法テストの開発
をモデル事例として目標に据えていますが、これは前述のとおり、資質・能
力の3つの柱において、知識及び技能の一部分にすぎません。他にも、思
考力、判断力、表現力等などに関わる共通成果変数も必要になるはずです。
また、この共通文法テストも、従来の英語教育研究や第二言語習得が提案し
ている多くの構成概念を含むものだとも言えません。現状において、このよ
うな共通成果変数がいくつ必要か、どのような全体のデザインならば妥当で
あるか、といった全体案にも見通しがつかない状況です。たとえば、「4技
能は一つの共通成果変数であるべきか」、または「これまで動機づけやビリー
フなどとされた学習者の心理的・情意的側面を反映した共通成果変数は不必
要か」といったことは、英語教育全体を巻き込む徹底した議論が本来必要に
なるかと予想されます。しかし、これまで通り，比較不可能なものさしをそ
れぞれの研究者や教師が持ち出して、自分が握るものさしを振りかざしなが
らいっこうに進まない議論をいつまでも続けるよりは、どれだけ遠い道のり
であっても、よりよい英語教育に向かって一歩一歩進むことが求められると
考えます。

第 **9** 章

これからの英語教育研究の
あり方を考えて

本章では、今後の政策的意思決定や教育的意思決定に資する英語教育研究を実現するために、関連他分野の研究者の協力も得た専門家チームによる研究活動をどう組織化するか、またはオープン・サイエンスの推進、学生・院生を含む若手研究者を巻き込んだ学会運営などについて論じます。

1. はじめに

　本書が意思決定のアプローチ、あるいは EBEE としてここまで扱ってきたような、政策的意思決定や日頃の教育実践への貢献を視野に入れた英語教育研究は、果たして実現可能なのでしょうか。本章では、このことについて、研究費用と人的資源についての現状認識から議論を始めたいと思います。研究を実際に成し遂げるためには、「研究をこうするべきだ」といった主義主張や精神論に焦点を当てるのではなくて、研究費用や人的資源といった現実的側面について考えなければならないからです。

　もともと、本書が批判してきた研究のあり方は、英語教育研究をめぐる経済的、そして社会的な制約や条件に由来する必然性から理解することができます。たとえば、自然科学的な用語、実験的な研究方法、そして統計的帰無仮説検定の多用といった傾向も、**研究費の獲得状況**、そしてより大きく括れば、我が国の科学技術政策のあり方と無関係ではありません。自然科学的な研究に対してより多くの研究費補助金を与える政策の下では、研究者にとって自らの研究を自然科学的なものに変えることは、十分に合理的な選択です。ある程度科学的と見なされるものでなければ、学問としての地位を保つことができず、研究費が得られにくいからです。従来の研究が、現実世界における意思決定に関心がなかったというより、このような差し迫った状況こそが、効果と科学の形骸化を招きやすい土壌の本質であったと言えます。

　一方で、従来の英語教育研究がその学問的な地位を高め、そして教育政策の立案に資するような研究資金を得られてきたかと言えば、おそらくそうではないでしょう。結局のところ、英語教育研究全体における研究費用の規模や研究体制こそが、ある程度そこから生み出されるエビデンスの質を規定してしまっていた側面があると考えられます。

　同時に、エビデンスをつくり出し、そしてそれを効率的に活用するためには、人的資源、より具体的に言って効率的な**人材育成**が不可欠です。しかし、現状の英語教育研究において、人材育成の体制が十分に整っていると言えるでしょうか。2021 年現在、英語教育研究の人材育成に関わる将来的な

見通しは、決して明るいものではありません。むしろ、すでに慢性的な人材不足に陥っていると言えるでしょう。現在は、景況に見込みが立たない状況ですし、教育・研究職をめぐる様々な制度改革も予想されます。これに加え、海外への研究者の流出も継続的に指摘されてきた問題です。これらの問題の複合的な結果として、英語教育研究に関するほとんどの学会の年齢別構成比は、徐々に若年層に行くに従って先細りになっていっている状況です。

　やや悲観論に傾いているように読めるかもしれませんが、最初にこれら厳しい状況を現実として踏まえた上で、意思決定のアプローチを成立させうるような具体的な戦略を私たちは見つけなければなりません。本章では、この状況を打破するためのいくつかの戦略を提案したいと思います。

2.　4つの方針

　これからの英語教育研究の発展に向けた方針をまとめると、以下のとおりです。

1)　学会イニシアチブの強化
2)　研究テーマの緩やかな集中戦略
3)　社会全体との協同
4)　研究プロセスの低コスト化

それでは順を追って見ていきます。

2.1　学会イニシアチブの強化

　最初に、これから述べる方針や戦略の主体は、英語教育研究に関する学会であるべきだと強く考えます。そして、英語教育研究に関する学会こそが英語教育全体にわたって強いイニシアチブを発揮すべきだと考えます。その理由は以下のとおりです。

　1つ目は、英語教育学会は規範的に言って、政府、自治体といった政策決定者、特定の企業や団体から、ある程度利害関係において独立した組織であるからです。**利益相反**という観点とも関係します。意思決定、たとえば政策

の立案や評価に当たって、ある程度の利害関係のある団体からの独立性が保たれなければなりません。学会は、特定の政策や制度改革に対する**提言**や**声明**として、意見を積極的に社会に対して公表することができます。同様に、**請願**や**パブリックコメント**として行政主体に対して直接意見を述べる機会もあり、パブリックコメントを取りまとめる機能が期待できます。

　2つ目は、学会が実際の英語教育研究コミュニティを最もよく代表しているということです。日本の英語教育研究に関する学会は複数ありますが、多くの学会が学会員を共有しており、それらの学会で行われている研究には、方法論的にある程度の互換性があります。そして、すでにある程度の組織体制が整備されています。学会は人材育成の場でもあるということも大きな意義だと言えます。

　これらを勘案すると、意思決定のアプローチによる英語教育研究を充実させるためには、より強固な学会のイニシアチブが必要だと考えられます。

2.2　研究テーマの緩やかな集中戦略

　より高い質のエビデンスをつくるためには、より多くの研究費用と人的資源を必要とします。このことに関して、本章は、研究テーマの設定に関して、学会主導による**集中戦略**を適用することを提案したいと思います。

　第1章で述べたように、現在の英語教育研究は、研究テーマが無計画的に拡散している状況です。これを一種の**多角化戦略**としてもよいでしょう。英語教育研究全体を眺めると、それぞれ異なる多様な研究テーマに対して、浅く広く、研究力を分配している状況です。

　一方、本章が提案する集中戦略では、英語教育研究が得意とする、または英語教育研究が取り組むべき重点的な研究テーマを選択し、その絞られた研究テーマに対して集中的に研究費用や人的資源を投入します。たとえば、100人がそれぞれ100個の研究テーマにそれぞれ独立して取り組むよりも、10人が10個の絞られた重要な研究テーマに協同して取り組むほうが、総量としてより質の高い政策的エビデンスをつくり出すことが期待できます。

　しかし、ここで提案する方針は、「従来の不採算な研究テーマをすべて放棄することを強制する」といった過激なものではありません。同時に、研究

費の傾斜配分を強めたり、ある種の権力を集中させるべきだという見方も含みません。むしろ、現実問題として、英語教育研究の縮退傾向を念頭に置いた上で、集中戦略と多角化戦略の間に適切なバランスを取る必要があるということを提案したいのです。これを本章では、**緩やかな集中戦略**と呼びたいと思います(図9–1)。

　もちろん、たとえば基礎研究や萌芽的研究は、将来どのような価値を生み出すかが不確実です。長期的に見て採算が取れないかもしれないし、逆に想像もできないような莫大な価値を生み出すかもしれません。こうした基礎研究の存在意義を全否定することはあり得ません。

図9–1　緩やかな集中戦略のイメージ：左は多角化戦略、真ん中が緩やかな集中戦略、右が過激な集中戦略

2.3　社会全体との協同

　集中戦略は英語教育研究コミュニティの中の話ですが、英語教育研究の垣根を外部に押し広げることによって、研究の生産性全体を高めることも重要です。

　たとえば、政治的関心や知的好奇心によって研究に参加する意思をもつ他分野の研究者、非研究者、教育従事者、そして学習者自身が、特定の研究におけるファンディング、研究計画、データ収集、そしてデータ解析等に協力できたならば、従来よりもはるかに多くのデータを取り扱うことが可能に

なります。このような新しい研究形態は**市民科学**(citizen science)と呼ばれます。つまり、市民と職業的研究者の協同による公共的な研究プロジェクトです。

　このような新しい研究形態には確かに期待が持てますが、そのためには、英語教育研究全体が、先に社会に対して研究成果を還元できることを示さなければなりません。いわゆる**アウトリーチ**活動です。英語教育研究が社会に研究成果を還元できるならば、社会全体から相応の研究協力が得られるのです。周辺参加とアウトリーチを一体化させること、つまり、従来よりも高いレベルで研究成果を社会に還元し、そしてより大きな協力を社会全体から得るべきだと考えられます。

2.4　研究プロセスの低コスト化

　最後は主に、技術的要因についてです。研究の効率化のためには、情報技術の利活用が欠かせない要因です。具体的には、情報技術の利活用によって、研究プロセスの大幅な低コスト化を図る必要があります。これは、先述の市民科学とも関わることですが、研究費用の確保、研究の企画、データの収集と分析、データの解釈、そしてアウトリーチといったプロセスを部分的に、または全体的にクラウド化することが可能であれば、従来の英語教育研究よりもはるかに高効率な研究体制が実現できるはずです。

　たとえば、研究費用の確保に関しては、現在、様々な学術分野で**クラウドファンディング**がすでに試用されています。英語教育研究がもつ顕著な政治性と経済性を考慮すれば、クラウドファンディングによる大規模研究費用の確保は非現実的ではありません。さらに、研究の企画段階において、社会的ニーズが高い研究テーマを選択するためにパブリックコメントを募集することもできます。

　研究に関わるデータに関しては、データの収集、管理、そして分析については、適切な**データ管理計画**(DMP)の策定と、測定手順、解析方法の**規格化**が実現されたならば、クラウド化によってある程度のデータ処理ならば**自動化**できることが予想されます。たとえば、インターネット上に規格化されたデータをアップロードすることによって、分析のプロセス自体を機械化

できます。もちろん、科学研究全体において、**オープン・サイエンス**の機運が高まっているように、データ、その解析手順、そして解析結果は広く社会に公開されるようになるはずです。このような研究体制の確立へ向けた技術的整備が急務です。

3. 具体的な戦略例

ここからは、上記4つの方針のそれぞれを組み合わせ、いくつかの具体的な戦略に落とし込んでいきたいと思います。

3.1 学会主導の重点的研究テーマ設定

最初に、緩やかな集中戦略を実現するために、学会が高い優先度をもつ研究テーマ（**重点的研究テーマ**）を複数認定することが第一候補として挙げられます。たとえば、高い優先度をもつ研究テーマとして、

1) 処遇とアウトカムの因果関係を巡る議論
2) 目下の教育政策における争点
3) 従来の教育政策における政策立案根拠が不明な点
4) エビデンスについての社会的ニーズが高い点
5) 広く社会で流布している言説
6) 極めて新規性の高い研究アプローチの有効性

などが挙げられるでしょう（研究テーマの具体的な立て方については、第7章を参照してください）。このような研究テーマを学会が設定するためには、最初に専門の委員会を組織し、広く学会の内外からパブリックコメント等によってニーズを聴取するといった手続きが必要になります。このような手続きによって設定した重点的研究テーマを、広く学会の内外に公示し、相応の資金を設けた上で、研究チームを選出・組織化します。研究チームによる研究成果について、(a)学会がジャーナルにおいて特集号や論文種別を設けて論文を掲載する、(b)学会等において成果報告を行う、(c)声明や提言として社会に公表する、などといった手順によって知見を社会還元することが望まれ

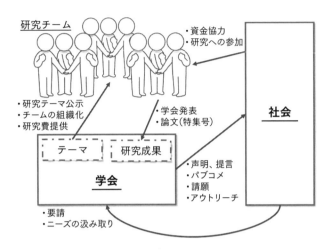

図9–2 重点的な研究テーマ設定とそれによる社会還元システムのイメージ

ます（図9–2）。

このようなアウトリーチを含む事業サイクルが確立されれば、第2の方針である社会全体との協同が実現されるはずです。

現在の英語教育研究においても、このような取組みが存在しないわけではありません。たとえば、中部地区英語教育学会は課題研究プロジェクトとして、研究課題を公募し、研究チームを組織し、学会がプロジェクト経費を計上した上で、研究チームに研究成果の報告を義務づけています。このような取組みの発展が今後重要となるでしょう。

3.2 研究チームの多角的組織化

次に、研究チームの組織化についての提案です。従来の英語教育研究では、個人、または研究上の関心を共にする少人数の集団による研究が統計的多数でしたが、研究規模を大きくするために、これまで以上に規模として大きな研究チームが必要になります。

従来、たとえば5人を超すような研究チームによるプロジェクトは、比較的大規模な大学院所属の教員とその指導生、特定の教育研究機関のチーム、

または大型科学研究費助成金による研究チームが主流でした。しかし、これらの研究組織にも弱点があります。それはチームのメンバーがその資質・能力において同質化しやすいため、研究に関する視野がやや狭窄的になり、アプローチが画一的になりやすいのです。同時に資質・能力が同質的であればあるほど、社会的手抜きの発生に繋がりやすく、高効率ではないのかもしれません。これは、いわゆるオーサーシップを巡る規範的な議論などとも関連します。

　このことを防ぐために、特定の組織や特定の関心に依存しない、より多角的な研究チームの組織化が重要になると考えます。より具体的に、各メンバーの異質な能力・資質、そして専門性に基づく明確な役割分担です。たとえば、ある教育政策をめぐる1つの研究テーマに対して、経済学や社会学に関する専門家、心理学に関する専門家、言語学に関する専門家、測定や数理モデリングの専門家、そして教育実践に関するドメインの知識に豊富な専門家、といったようなメンバーからなるチームを組織するとよいでしょう（図9–3）。1つの教育政策をめぐる研究テーマといっても、そこには多角的な見方が必要となります。それら多角的な見方を相応の議論の上で統合することによって、緩やかな集中戦略が実現できると考えられます。

図 9–3　異質な専門性によって組織化された研究チームのイメージ

　もちろん、研究チームに加わるメンバーは、従来の英語教育研究者に限らないほうがよいと考えられます。従来は英語教育研究では主に第二言語習

得、言語学、そして心理学を援用するという形によって学際化を進めてきましたが、これからは、研究チームに他分野の専門家を招くという新しい形式によって学際化を進める必要があると考えます。学会が認定した重点的研究テーマに対して、このような研究チームを組織するとよいでしょう。

3.3 学会主導の参加型アクションリサーチ

　従来の英語教育研究における方法論上のボトルネックについて考えると、それは、端的に言って、データの規模が小さくならざるをえないことと、それゆえに解析技術が普及しにくいことです。とくに、一般的に因果効果の推定に必要となる経時的大規模データ（パネルデータ）が圧倒的に不足しています。さらに因果効果の推定に必要となる解析技術も十分に普及しているとは言えません。

　しかし、重要なことは、英語教育研究は、データを取得する能力をもつ潜在的人材の規模には恵まれているということです。たとえば、英語教育実践に関わる人材であるならば、専門的な解析技術を習得しなくても、教育という営為から発生するデータを取得すること自体は不可能ではありません（第7章も参照のこと）。

　データ解析については、前述したようにデータ管理計画の策定と測定手続きの規格化がなされるならば、技術的に自動化できます。たとえば、少数の解析者が綿密にデザインした方法さえあれば、莫大な規模のデータに対して繰り返しその処理を適用することができます。このような仕組みが実現されたならば、高度なデータ解析技術や研究の計画能力を持たない多くの個人が、積極的に英語教育研究のプロセスに参加できる可能性があるのです。つまり、高度な解析技術の習得コストが英語教育研究の発展におけるボトルネックでしたが、この要因を取り除くのです。

　たとえば、以下で述べるようなシナリオに類するようなことは理論的に、そして技術的に実現不可能ではありません。このようなシステムは、上記で述べた4つの方針すべての組合せによるもので、市民科学の形態の一部であり、**参加型アクションリサーチ**や**クラウドサイエンス**などとも呼ばれます。

　中学校で英語を教える I 先生は、ある指導法の効果についての現在における科学的知見について興味を持った。ある英語教育研究に関する学会では、学会の見解として、ある種のメジャーな指導法のいくつかについて、それぞれ効果の大きさの目安を示している。

　学会のホームページを見ると、当該の指導法については「参加型アクションリサーチによって検証中」であると注に書いてある。その学会では、

- ・その指導法を実施するための条件とその審査基準
- ・規格化された指導法のマニュアル
- ・処遇の事前および事後に実施すべきテストと質問票
- ・テストと質問票の実施マニュアル
- ・実施後にデータをアップロードすべきウェブページの URL

を公開している。このアクションリサーチに参加すべく I 先生は、条件の審査を受け、学会からこれらの研究のパッケージを受け取り、完全にマニュアル通りに指導法やテストを実施した。テストと質問票のデータをウェブサイトにアップロードすると、I 先生が行ったこの指導についてのデータ分析結果が自動でダウンロードできるようになっている。

　それと同時に、学会のウェブサイトでは、I 先生がアップロードしたデータに基づいて、自動的に当該の指導法の効果についての情報が更新された。

　参加型アクションリサーチは、このように基準を満たしさえすれば、広く様々な人々から協力を得て、データ不足を解消する期待が持てます。しかし、このような参加型アクションリサーチのシステムを実際に確立するためには、上記のような高度に専門的な知識や技能をもつ研究チームの主導が必要となることも忘れてはなりません。処遇の具体的な手続きとアウトカムのセットを定めること、さらに統制されていない変数の影響を取り除く手続きについて、事前に専門家チームによる綿密な計画が必要です。

　もちろん、この参加型アクションリサーチだけが英語教育研究における唯一の、そして最高の研究体制だと提案するわけではありません。むしろあくまでも、現状の体制を踏まえた上で実現可能な妥協点について提案してい

るのであり、もしも可能であるならば、大規模なランダム化比較試験の徹底的な実施を念頭に置いておくべきであることは言うまでもありません。

3.4 若手人材の育成と支援

　これまで提案してきた(1)重点的テーマ設定、(2)研究チームの組織化、(3)参加型アクションリサーチは、どれも英語教育研究を担う人材育成も念頭に置いたものです。学会が強いイニシアチブを実現することによって、若手研究者が学会へ参画する度合いを強め、そしてそのことによって若手人材を育成・支援しなければなりません。

　たとえば、学会が示す重点的なテーマが公示されていれば、多くの研究者、とくに若手研究者にとって先行研究の文献を収集するコストが大幅に削減されます。実際、英語教育研究者が関心を寄せるテーマは、しばしば非常に早いサイクルによって移り変わります。そうであれば、ある論文に関する先行研究を収集するために、1980 年代と 2000 年代というように飛び飛びの刊行時期、そしてその時々に偶然注目されていたジャーナルといった媒体を調査対象にしなければなりません。しかし、重点的なテーマを学会が設定したならば、学位取得などの目標ゆえに、短期的に成果を出さなければならない若手研究者であっても、1970 年代から 2010 年代まで広範に散逸している先行研究について、時間をかけて調査しなくてもよくなるはずです。もちろん、先行研究の調査能力自体が不要だと主張するわけではありません。しかし、研究の効率化による若手の活性化は視野に置かなければなりません。英語教育研究における研究過程の大部分は、この散逸している先行研究の調査に費やされていると言えるでしょうから。

　次に、学会主導によって研究チームを多角的に組織化することは、世代を超えた研究者間の交流を促進しますから、研究技術や研究に関するドメインの知識の**保存と継承**に役立つはずです。逆に言えば、研究チームの組織化にあたっては、世代間のばらつきを持たせなければなりません。

　3 つ目に、しばしば若手研究者はデータ取得技術、そしてそのための人的資源や、研究費用に乏しい状態にあります。しかし、上記のような市民科学、またはオープンサイエンスに属するような大型の研究プロジェクトがあり、

それが公開されたならば、公開データベースの再分析、またはフォーマットに沿って取得したデータの提供といったプロジェクトによって業績を重ねることができます。つまり、小規模の個人研究を全局面的に管理する過程というより、学会等による大きなプロジェクトの部分的な機能を果たす過程によって若手人材を育成・支援していくべきだと考えます。もちろん、そのような新しい仕組みの**業績評価システム**も必要かと思います。つまり、アカデミア上の個人的競争による選抜システムというよりは、研究活動への貢献度と参画度による評価システムへ段階的に変えていくべきだと考えます。

　しかし、このような学会主導による若手人材の育成・支援体制を実現するためには、なによりも若手会員数の拡充を行わなければなりません。若手会員の拡充のためには、多方面からの組織的な改革が必要かと思います。ここでは、そのような改革において想定できる施策をまとめます。現状においても、すでにいくつかの取組みがなされているものです(次ページ表9–1参照)。

　このような施策には、どれも相応の費用がかかることが見込まれます。現在の学会制度の中で容易に実現できるとも限りません。しかし、複数学会の参加による協力的な体制の下では可能であるかもしれません。今後は、しばしば地域性、年代、そして学閥に縛られがちな学会間の関係も見直していく必要があるかもしれません。規模の経済性を考えれば、上記のように学会が強いイニシアチブを発揮するためには、学会等の統廃合も有効な戦略かもしれません。

4.　おわりに

　ここまで述べてきた方針や施策は、基本的に、この本の筆者らの話し合い(具体例は補章を参照のこと)によって生まれたものです。現状の認識から始まり、EBEEと言えるような研究のために、どのような方針が必要となるか、そしてどのような施策が可能かについて、この本の執筆者たちから成る研究チームの設立当初から一貫して話し合いを続けてきました。

　そうは言っても、この方針やアイディア全体は、未だに萌芽のレベルに留まっています。もちろん、重要な観点を見逃しているでしょうし、甘い見

	施 策	具体例・備考
1	ワークショップ・講習会等の拡充	「データ分析方法講習会」「質的研究入門ワークショップ」「APA スタイルに基づく論文執筆セミナー」といった企画を増やす
2	イベントでの独自企画枠の設立	学会において、「若手企画シンポジウム」「若手支援委員会企画基調講演」などの枠を設ける
3	学会等における託児所サービス	しばしば若手研究者は育児によって参加が困難になる場合もある。このため、託児所サービス等は子育て中の会員の参加を促すと考えられる
4	学会主体による研究補助金制度	研究テーマを募集し、その審査によって研究補助金を与える
5	学会参加支援費	学会参加に関わる交通費および宿泊費の援助、または参加費の減免
6	賞与制度	「新人賞」「若手優秀発表賞」などを設ける
7	アウトリーチ活動の斡旋	しばしば専門的な知見や技術をもつ若手委員のメディア出演等を斡旋する
8	キャリア・エクスプローラーマーク制度	学会等のイベントにおいて、発表者が求職中のポスドク・学生である場合、そのことを示すマークを予稿集などに表示できるようにする
9	ベテランと若手のマッチング	研究技術や知見の保存と継承を目的として、学会が、比較的近い研究テーマをもつベテラン会員と若手会員をマッチングする制度を設ける
10	オンライン講習等の実施	会員を対象として、セミナーやワークショップの様子をオンライン配信する

表 9–1 若手人材育成のための施策例

込みを含んでいるでしょう。しかし、私たちはこの方針を推し進めたいというよりは、まずは広く関係者の関心を集め、議論に参加する人をこれから増やしていきたいと思っているのです。少しでも EBEE に関心をもつ人が増えていけば、私たちがなすべき方向が少しずつ具体的に見えてくると信じているからです。EBEE ということが一時的に夢に描いた絵空事にしないためにも、EBEE の輪を広げていきたいと願うばかりです。

補　章

＜座談会＞

英語教育研究について
微妙な話もしよう

本章では、今後の展望に向けて、英語教育研究の現状の諸課題や、現状に至る経緯を論じます。研究者の独立性の問題を皮切りに、教員養成系大学院の立ち位置、他分野・他学会との比較、データ収集のあり方の問題、第二言語習得研究の位置付け、ジャーナルのあり方、必要な若手支援など、議論は多岐に渡ります。

1. 研究者の独立性について

亘理 まず、最初に基礎研究をどう考えるかについて話していきましょう。

草薙 「基礎研究」というのも、最近では単に聞こえのいい言葉になってしまっているように思います。だから僕自身は、あまりこの言葉を使わないんです。ニュートラルに言うと、科学的真偽を問うという態度のことですね。扱っている現象が基礎的であるかっていうこととは関係ない。たとえば、指導法の効果といったものは、基礎研究と一般に言われるレベルよりもはるかに現象自体として複雑だし、方法が自然科学のように基礎的なわけでもなんでもないです。

亘理 確かに。

草薙 しかし、教育研究に関して、科学的真偽のアプローチを擁護する立場もあります。政府から研究を直接管理されたり、政治的プロパガンダによって誘導されてはならないといった、研究者の自律性を重要視した動きがありました。第2次世界大戦後、1950年代、北米における教育研究はまさにそういった感じだったとされています。政府機関などから研究者が独立的であるために、基礎研究をよしと、そして研究は科学的であるべしと、そういった運動が始まったんだそうです。日本の英語教育にもたぶん似たような流れがあったんでしょう。研究者が、たとえば政府の所轄官庁の圧力から自由に、そして自律的にやっていこうっていう動きがあった。結局のところ、この本の中で僕は方法論として科学的真偽のアプローチを批判したんですが、こういった研究者の自律性という点については正直わかりかねます。ところで、もう一つ重要なのは、科学的真偽のアプローチを擁護する立場として、そもそも信念や価値の調停があり得ないという見方もあります。だから、研究をどうするべきかといった規範を考えるさい、結局、価値観の問題を議論してもしょうがなく、科学的な側面の中に閉じこもるしかないという態度も、擁護できると思うんです。

亘理 この本で科学的な真偽を明らかにしようとするタイプの研究というのは、ある意味での「効果」についてですね。われわれは実際に、ある教え方とかある政策的な決定をする場合、たとえば、英語の先生を増やそうと思えばそ

こにかかるコストや、それが実際にどれぐらいの因果関係的な意味での効果
を持っているかということを考えた上で判断しなければいけない。効果があ
るからやろうという単純な論理では実際の教育は変わらないし進まないとい
うことを考えるために、本書でいろんなことを論じてきたわけです。一方で、
科学的な命題として、研究上の真か偽かを明らかにしたい。この教え方には
効果がある、またはないというタイプの研究です。そういうような研究は、
英語教育研究の中において位置を持ち得るのかどうかという話ですね。草薙
さんが投げ掛けている問題としては、研究者の独立性を保障するという意味
では、むしろ後者のタイプの研究が権威や体制に巻き込まれないという意味
で重要ではないかということ。もう一つ、もう信念や価値は人それぞれだか
ら調停することなど不可能だという議論もあって、そういうようなことをい
ろいろ考え合わせた場合、科学的真偽を問うアプローチについてはどう思い
ますかということですね。さて、みなさんのご意見はどうでしょう。

浦野 いきなり逸れるかもしれませんけど、では、その教育政策、その政策決
定に関わるような研究をみんなでやりましょうと言ったときに、結局誰が旗
を振るのかという疑問が湧きますね。こういうことについてエビデンスを蓄
積しましょうとか、そういう研究をしてくださいというのは誰が言うのでしょ
うか?

亘理 エビデンスを蓄積しようということを言うのは、あるトレンドをつくり
たい学会の重鎮であったり、野心に燃えた若手であったり出版社であったり
でしょうね。

浦野 でも、それをみんなが言い出すと、では結局誰の言うことを聞けばいい
んだという話になるわけですよね。たとえば学会なら学会が、そういうこと
をやるべきだということを、この本の中で提言しないといけないのでしょう
か。

亘理 第7章、第9章にも一部その話題が含まれるんですけど、酒井さんから
なにかありますか?

酒井 先ほどの、基礎研究の位置付けの部分に関連すると、そもそも学会の目
的にもよるけれども、学会として、ある程度取り組むべきこと、つまりエビ
デンスに関わる領域についても意識を向けて、方向付けを与えるようなこと
は必要だと思います。それこそ個別の学会の方針にもよりますが、基本的に

は今話題にしている2つのタイプの共存が現実的な路線だと思うんです。ただ、今までは、基礎研究ばかりで、政策的な決定に関わる研究をするという発想が全然なかったので、そもそも政策的な決定に向けて学会としてまとまりすらしないっていう問題がありました。一方、とくに英語教育の分野だと、いろいろ実際に判断をしなければいけないことが多いのに、その判断が基づく土台すらないという現実的な課題があったことを踏まえると、エビデンスに関わるところも逃してはならないというふうに感じます。

亘理 浦野さんの問いは、そもそもそういう大きい問い、政策決定に資するような、あるいは政策決定をリードするような研究をしようと誰が言っているのかという事実の記述的な問題ですか？　それとも誰が言うべきなのっていう規範の問題ですか？

浦野 記述的な話で言えば、今は誰も言っていませんよね。だから、そういうのを国がやるのか学会がやるのか。ある程度、権威がないと実現しないですよね。たとえば、われわれがこういうことを本で述べたとしても、それが英語教育研究の一大ムーブメントになるということにはたぶんならない。権威のことをなぜあれこれ言うかというと、それをやる人や音頭を取る組織がちゃんとしていないと恐ろしいことになるんじゃないかと思うからです。間違った方向で、じゃあ、これでやりましょうといって研究するようなことになってしまう。今、文科省に踊らされるわれわれみたいなのと同じことなんです。だから、誰がその責任を取り、誰にその権利があるのかというのは、なかなか難しい問題だなあと思ったわけです。

寺沢 私も、原理的に言えば、誰が何を研究するかは自由であるべきだと思いますが、現実的に研究費を取ってこないとできないことが多く、その場合は集団として動かざるを得ませんから、ある程度の拘束力は働くのは確かでしょう。それが学会単位になるか、あるいは大型科研のような形でやるか、そうでなければ、政府の教育政策研究所（シンクタンク）みたいなものでやるのかという話になると思います。

亘理 僕は理想的には三権分立だと思っています。つまり、国と、ベネッセなどの民間企業、それに研究者集団。国と民間企業は、それぞれに狙いがある。国は教育行政をコントロールしたいという願望があって、政治家の意向も影響してある方向に教育を変えたいということがありますね。一方、民間企業

は基本的には自分たちの利益のために、調査結果等に基づいて、顧客に商品を売り込みたいというのがある。寺沢さんが言っていることですが、そういう権力や利害と絡まない第三者的団体として、酒井さんがいう学会があり、われわれが専門とする分野に関わる問題が発生したときに学会として提言をできるようになっておく必要があるのかなと思います。誰が言うべきかという規範の問題として言えば、です。しかし現実には、学会主導で行われるプロジェクトのテーマが、たとえば「GIGA スクール環境を生かした指導」云々というちょっと笑ってしまうようなものだったとしても、それが採択され選ばれるということは、分野内で「言うべき」とされていることがある意味で反映されているからではないでしょうか。

浦野　学会主導ではないですからね。ああいうのも一応、会員提案型ですから。

亘理　でも、そういう各学会におけるシンポジウムのテーマであったり、学会がオーソライズして進める研究プロジェクトみたいなのは、ある種、学会が言うべきだと考えている研究テーマを一応、物語っているのではないですか。

浦野　だからこそ、もう少し学会として「こういう研究を推奨していこう」というものを持つべきだということですね。第3章で追試の重要性について書きましたが、追試だけではなく、「こういうテーマの研究を今後、積極的に行っていくべきだ」とか、「いきましょう」とか、そういうことを学会が言えないとよくないと思います。日本の英語教育系の学会に、そういうことが可能かどうかは別として、将来的な政策提言とか、学会が国や国民に向けて何かメッセージを伝えるという場合には、それなりに根拠がなければいけないわけです。それを自分たちでつくり上げていくさいには、本当は学会がある程度主導できなければいけないのではないかと思うわけです。

亘理　次に、草薙さんが投げ掛けている2点目の問いで言うと、価値観の調停は無理だという議論もあり得ますよね。いろんな価値や信念の人が混ざりすぎていて、学会として一枚岩になることはないという。だから価値観などの言い争いになりにくい科学をやるんだという見方。草薙さん、加えて何かありますか？

草薙　「みんな違ってみんないいじゃないか」という雰囲気や気質が、英語教育研究にはありますね。私は嫌いですけど。とにかく多様性をよしとする文化的な規範というか。よく言えば「進取の気性」。価値とか信念はどうせ調

停されないのだから、科学しかやることがなくて、その中では好き勝手、好き放題やればいいという態度を擁護できるのでしょうか。

浦野　僕はその態度は無責任だと思います。みんなが好き勝手というままでは許されないのではないでしょうか。もしある人が強い影響力を持っていて、この考え方にみんなが従うべきだというように、またはその考え方に従わない人を追い込むことがあれば、それはやはり、みんな違ってみんないいというふうに放置はできないでしょう。そういう意味で、英語教育は今、どういう研究に対して価値を置いているのかということに関して、学会がその責任を負うかどうかはわかりませんが、ある程度コントロールする部分は、たとえ見えざる手のようなものだとしてもあってしかるべきだと思います。だから大きい１つのテーマを決めて、それに乗りたい人はぜひ乗ってください、もちろんそれに乗らずに独自のことをやりたい人に強制するものではないですよという折衷的な形が必要なのかもしれません。そのようにしていかないと、結局トレンドやブームに乗って、どれを見ても同じテーマを扱っているワイドショーの影響みたいな感じになって、同じような研究をみんなが一斉にやってしまう。実際、われわれの今考えている望ましい、やるべき研究というのと必ずしも関係ないテーマが流行るわけじゃないですか。

亘理　いや、そうなんですよ。それなんです。ようやく話が戻りますけど、だからこそ、内的妥当性と外的妥当性を満たす研究を、きちんと追試も含めて重ね、利用可能な状況にしておくべきだというのが本書の主張ですよ。むろん今、10年後を見据えたトピックの立て方に関して、われわれがそれをコントロールするべきだとか、実際にできるという話ではないですけど、そこで参照可能なトピックをいくつかきちんと用意しておけば、少なくともいい加減な思い付きで政策が決定されるというような、たとえば寺沢さんが『小学校英語のジレンマ』（岩波書店、2020年）で書いているようなことにはならないだろうという話ではないでしょうか。そこでいわゆる基礎研究と呼んでいるものは、どういう位置を持っているのかというのがこの座談会の元々のテーマです。そこには、草薙さんが気にしているような自分が好きなことをやりたいという意味での基礎研究と同時に、「アクティブ・ラーニング」などのブームに乗っかっただけのような研究も存在していて、後者のような場合、研究者の独立性をどう考えるかという議論が出てくる。そのへんの位置

付けをどう考えたらいいのか。まさに今、浦野さんがたどり着いたところの、ブームに乗っかったような研究は意味があるのでしょうか、ないのでしょうか。

浦野 たとえばブームに乗っかっている研究であっても、将来的にエビデンスの積み重ねにつながるような体裁を整えてやっていれば、いずれは価値を持つかもしれないから、亘理さん的にはまあよしということですよね。それも一理あるかな。ただ僕は、それもわかるんですけど、質と量の問題を考えたときに、やるべき研究について、ある程度の量をそろえたい。つまり、みんながそれぞれ好きなことをやって、各自がエビデンスになり得る研究をしたとしても、それが拡散していろんな分野で行われている限りは、結局十分な形に積み上がらないのではないかという恐れがあります。追試についても、どの研究を追試すべきかについて、研究者個人に委ねるとまとまらなくなってくるのではと危惧します。

亘理 研究者の独立性については、浦野さんはわりと小さめに見ているわけですね。

浦野 そうです。研究者の独立を妨げる気持ちはまったくありませんけど、「何をやってもいいよ」という人に対して「こういう研究はどうでしょう」と提案できるようなものがあってもいいかなと思います。つまり、「私はこの研究がやりたいんだ」という人に、無理やり「それは駄目だ」というのではなくて、少しオープンマインドな人に対して、「こういう研究をするといいですよ」っていうぐらいの感じ。一番手っ取り早いのは科研とか、お金をそこにぽんと落とせばいいですよね。「こういう研究をやってくれる人に助成金を出しますよ」といったことができれば、それが一番いいのだろうと思います。ある種の研究を強制するというよりは、そういう研究を行うことに対してインセンティブを与える仕組みを作って、何かしらトップダウン的に進めることで、政策に対して何か言えるほどの研究が集まるようになると思うわけです。

亘理 草薙さん、聞きたかったのってこういう話でしょう？

2. 研究テーマの決め方と教員養成系大学院の立ち位置

草薙 まさにそうです。具体的な話題を思いついたので、話を少し変えさせて
もらいます。寺沢さんが以前から言っていることですが、研究のオリジナリ
ティと研究者の独立性の間にトレードオフの関係があるんですね。より具体
的に言うと、教員養成の修士の院生に対して、「君はこの研究をしなさい」
と指導教員が研究テーマを強制するケースはよいのかという問題です。これ
はまさに自然科学や工学に見られる研究者養成のスタイルです。それに対し
て、典型的な立場として、研究テーマの強制は絶対に駄目で、指導教員が本
人の関心をうまく引き出し、その独自のテーマで論文を書かせるべきだ、と
いうスタイルもあります。この話題も今後の話題である人材育成の面とも関
わります。

寺沢 「べき論」の前に、事実について聞きたいんですけど、院生・若手研究者っ
て、研究テーマを実際、どうやって決めてるんでしょうか。というのも、教
員養成系の院生の修論発表を聞いていると、同じ大学院のメンバーはみな似
たタイトルで発表していて驚くことがあります。で、よく調べてみると、そ
のテーマは、大学院の指導教員自身のテーマでもある。あれは、やっぱり指
導教員が院生に、トップダウン式に研究テーマを与えているんでしょうか。
とくに、教員養成課程の方に聞きたいです。

亘理 いや、私や酒井さん、工藤さんの場合、それは取らないアプローチだと
思うのだけど、なぜトップダウン式になるんでしょうね。一種の共犯関係な
気がする。つまり、院生も指導教員も両方。

寺沢 指導教員の強制というよりは忖度？

亘理 酒井さんはどうですか？　いや、酒井さんのゼミはテーマが広すぎるか
ら例外かもしれないけど。たとえば、自分の最近の研究の話をしたり、取り
組んでいるプロジェクトの一部を手伝ってもらったりしているうちに、院生
のテーマがそこにたどり着いちゃうみたいなことはありますか。

酒井 いや、逆に実際に重なることはないように、あえて意識している部分も
あります。

亘理 酒井さんは、自分のテーマを院生にやらせたくないだろうし、実際にそ

うなってはいないですよね？

酒井　やらせたくないということでもありませんが、僕の場合、テーマを重ねないのは、研究のオーサーシップを明確にしたいということと、アカデミックハラスメント的な行為を避けたいという面があります。修士の研究のいわゆるオリジナリティというか、院生自身の研究か指導者の研究かどちらのものかというような部分をあえて……。

亘理　線引きを明確にということですね。

工藤　私は、研究者の独立を許しているというか、学生には自由にテーマを選ばせています。その研究手法に関して提案することはあったとしても、テーマ自体について、それはやめたほうがいいと言うことはないですね。実際に、自分のところは、ゼミ生とか院生のテーマはばらばらです。とにかく英語教育に関係すればいいという形で指導している状況です。あと、私の所属は英語教育学科なんですが、教員の研究テーマにもいろいろあるので、入りたいゼミに入れない人が自分のゼミに来たりすることもあります。そうすると、学生に「もともとは宗教をやりたかった」などと言われると、とにかくもう英語教育に絡んでいればいいとしか言えないこともあります。あるところのゼミ生がほとんど同じ研究をやっているケースは、もともとたぶんそのゼミに入るときに「論文はこういうテーマで書いてもらいます」と指導しているのでしょう。それに賛同する人がゼミに入ってきたり、あとは、もうそこに入ってしまったらそれをやるしかないという方針になっているケースだと思います。みんなが同じ研究をやるから、それぞれがそれぞれの追試のようになっているというところで良さもあると思いますが。

亘理　宗教を研究したいという話はすごいですね。われわれはわりと、その学生・院生が「興味がある」と言ったことについてまずは自分なりに調べたり考えたりしてもらって、自分もそれに合わせて勉強するというタイプの指導教員だと思いますが、たぶん、工藤さんの言ったあたりが現実じゃないでしょうか。

浦野　プロジェクトをやっているのではないでしょうか。ゼミ単位、研究室単位で、科研プロジェクトの下請けをやったりとか。だから、そういう感じのことをグループでやって、それを小分けにして、これはこの人の卒論とか、これはこの人の修論とか。

寺沢 そういうタイプの修論や博論は、研究室単位で大規模プロジェクトをやっているところでは——具体的には博士後期課程を持っている旧帝大などですね——、そういうところではよくある話なのでよくわかるんですが、不思議なのは博士課程のない大学院の院生もそうなっている点です。要するに、プロジェクトをやるとしても、修士レベルの「研究者の卵」ではない人で調査をやってるわけです。はっきり言ってしまうと、調査能力が未熟な人たちで調査をしていることになる。こういう足腰が貧弱な状態で行う調査プロジェクトから、一体、どういう成果が出せるのかかなり疑問です。

　最初の質問に戻ると、根本的に日本の英語教育学の大学、高等教育制度が、欧米そのままのシステムを直輸入できないと思うのは、博士課程を持っているところが少ないからなんですね。なので、博士課程生のような最低限の研究能力を持った「若手」が前線で活躍する大規模プロジェクトを生みづらいわけです。たとえば、この前、CELES(中部地区英語教育学会)の2018年のシンポジウムで私が発表(注、エビデンスをつくるための調査設計の話)した後、懇親会のときに「私もああいう大規模調査をやりたいんですけど」という相談を受けました。よく話を聞いてみると、その方のところには博士課程生もいなければ指導学生もいないと言うんですよ。その態勢だと、大規模調査は考えづらいじゃないですか。よほど大きい金をもらって外部の調査会社に委託するなどしない限り。そう考えると、結局、制度的なものに依存することになってしまう。博士課程をそもそも持つことの少なかった日本の英語教育学がどれだけ大規模な研究ができるのかなということについては、私は悲観的ですね。だから、むしろ大型科研を取るくらいしか、やりようがないかなと思っています。

亘理 博士課程はないけれども、たとえば文部科学省の委託事業の一環としてパフォーマンス・テストを中高でやってもらって、その内容を分類したり評価の妥当性・信頼性を検証したりするといった研究を現職の先生や院生と一緒にやることはあります。それが院生の直接のテーマではないかもしれないけど、業績の論文の一つになったりというのはこれまでも実際にあったわけですよね。

酒井 信州大学も文部科学省の委託事業を受けましたが、院生の状況は同様です。やっぱり事業の研究を手広くできなかった部分のところで言えば、寺沢

さんが指摘するようなチームをつくれていなかったというのは課題としてあ
ります。院生も1名から3名しかいないところで進めています。しっかりと
分析で関われるような人には、それこそ限りがあって。

亘理 そうですね。そこは僕らの宿命ですね。博士課程の院生が少ないこと。
確かに、寺沢さんが関わったりしていたようなレベルでの、本当に10年後
も使えるようなデータセットを作る調査は、今の日本の既存の研究室では、
単独ではなし得ない感じですね。その劣化版かもしれないけれど、それでも
一応、われわれは修士課程までの中で、あとは現場の先生にも協力してもら
いながらある程度のことはやってきていて、それが無駄だったとは思ってい
ませんけどね。

寺沢 社会学とか、社会調査をやっている分野だと、大規模プロジェクトは、
結局、有能な「研究者の卵」を非常に安価で使ってるわけです。はっきり言
えば、専門技能の搾取ですが、将来的に研究者になるための下積みと考えれ
ばギリギリ許容される。一方、英語教育は、その手の「研究者の卵」に依存
できないので、修士課程を終えたら教員になる院生や現場の先生に手伝って
もらうことになる。搾取という倫理的な問題が発生しかねないですね。

亘理 もとは、政策決定に寄与するような大規模プロジェクトやそこに関わる
研究じゃない場合、個々の研究者が研究を自由に行う権利をどこまで保障す
るのかというか、そういう研究をわれわれは本書の中でどう考えるのかとい
う話だったわけですが、それとどうつながるでしょうか。

浦野 そもそも大規模研究は、英語教育の文脈では基本的にはほとんど行われ
てこなかったんじゃないですかね。だから、今やってもらっているPK-Test
はそういう大規模な調査ですが、これはすごい例外的ですよね、英語教育の
中では。僕はこの本の中で追試の話をしたり、メタ分析の話をしたりしてい
ますが、メタ分析に使われる一個一個の研究は必ずしも大規模ではないです
よね。もちろん、サンプルが大きいほうがいいわけなので、だから、1ヵ所
のチームで大きい研究をするというよりも、もうちょっと緩やかな流れをつ
くって、そこに個人個人の研究者が乗ってきて、その総体がある程度の量に
なればいいんじゃないかなっていうふうに考えているわけです。

亘理 ボス的な人がいて、研究テーマを院生・学生に与えて従事させるという
のは、その先生がカリスマ的・権威的な人だったら、追試をちゃんとやらせ

てコントロールすることも可能なわけですよね。浦野さんが言っている方向に合致するタイプの研究室ということにもなる。だけど僕がそれを選ばないのは、自分が全然そういう権威的なことが好きではないというのもあるけど、やっぱり、学生・院生にとっての卒論や修論の意味をそこに置いてないからですね。つまり、学術研究として英語教育界に資するというよりは、市民として自分自身の興味関心で研究をしてみて、うまくいかないことのほうが多いのだけれど、それによって研究というのはこれだけ難しいものなんだという目を養うとか、そういったところに重きを置いているからです。指導教員に与えられるテーマだと、「なぜそれをやるのか」ということを考えないままやれてしまう部分がある。それこそ博士課程に進むトレーニングの一環としては「ボス」に与えられたテーマで当該分野のアプローチを習得するというのもあるとは思うんだけど、「将来教師になる学生たちを育てている」という意味で言うと、いったん自分の手足で勝手がわからずぎこちなくても泥遊びをしてみたほうがいいと考えていますね。

工藤 われわれのような環境の指導教員だと、院生や学生が選ぶテーマが実際にばらばらになるので、1つのテーマに研究が集まってこないっていうところがあります。でも、こちらがテーマを絞ってしまうのもどうかなあと思います。なぜ研究者になったかというと、「研究テーマを自分で開拓するのが楽しい」という人もいれば、「テーマは何でもいいけど、あるプロセスにしたがって、その研究の手続きをこなしていくのが楽しい」という人もいますね。「何か研究結果が出た後に、自分で解釈するのが楽しい」という人も。たぶん、それぞれ人によって違うのだと思います。テーマを選ぶところに楽しさを感じている人に、このテーマで一緒にやりましょうっていうのは、なかなか難しいでしょう。先ほど、学会全体で何か1つのテーマを決めて研究をするのは難しいかもしれないという話が出たと思うんですが、結局、学会の中でそういうプロジェクトを立ち上げていくしかないっていうのが、現実的なのかなあと思います。そういう人たちがプロジェクトを通じて成長していったら、それで一つの学会が立ち上がるケースもあるのかもしれないですし。でも、今、学会は会員数が減ったりして、運営のほうも大変なので、あまりテーマを狭くしていくと学会が成り立たなくなってしまうとも思います。結局、そういう学会運営の事情みたいなのも、大きなプロジェクトが成り立たないことの

裏にはいろいろあったりするんじゃないかと思うんです。

亘理 工藤さんが言った研究者の好き好きって、結構、面白い視点ですね。この本の読者の方々がどういう反応をされるかちょっと見えた気もします。おそらく本書の読者の中で、「研究のプロセスや手続きに沿ってやりたい」という人はすいすい読んでくれると思う。「解釈を楽しみたい」タイプの人はちょっとイラッとしながら読むでしょうね。あるいは「自分の研究成果でインパクトを与えたい」人は「目からウロコ」的になるか、「そうか、そういうふうにやらないとインパクトを与えられないのか」というように読んで、テーマを自分で選びたい人が困るという、そういう本になるでしょうか。

草薙 まとめると、日本の英語教育研究に根ざす構造として、教員養成という役割と、研究者養成という異なる役割のダブルバインド、そしてそれら双方に対してどっちつかずになっているという点がありますね。教員養成と研究者の養成は違うけれど、では、切り離すべきなのか、またはどちらに力点を置くべきなのかというところが難しいですね。

亘理 そうですね。だから僕らの功罪というか、とくに私のような、そうやって学生自身がテーマを選ぶほうがいいと考えてやっている者の罪として、そのまま研究職を目ざすわけではなくても、研究マインドを持ったまま先生になったり大学院に進んだりする。そうすると結局、自分の好き勝手なテーマのまま研究をするスタイルが身についてしまう可能性があるわけですよね。そういう研究への取り組み方を再生産しているとしたら、好き勝手にテーマを選ばせることの罪もある。自由に研究を行う権利の保障というテーマを突き付けられて考えるのは、現実には草薙さんが最初に言っていたとおり、両方の間のグレーゾーンのところに答えはあるのでしょうけど、好き勝手にやっているとそのうち世間から相手にされなくなるだろうということですね。

草薙 そうです。

亘理 だからこそ、浦野さんが言っていた「ブームに乗っかる人」も現れてくるわけです。研究者って、何かしら自分の名を残したかったり、影響を与えたかったりする人が少なくないわけでしょう。だけど、自分の好き勝手なままやっていて、好事家が重箱の隅をつつくような研究であった場合、誰にも読まれず相手にもされないというふうになるとさすがにその人も耐えられなくなるのではないか。それに耐えられるすごい人だとそれでも別にいいわけ

ですが、そうじゃない大半の人は「じゃあ売れ筋の研究は何かな」という発想になって、ファッション雑誌を読んで服を買うように大なり小なりブームに乗っかるということが起こるのではないでしょうか。科研費も取れない、研究費ももらえないということになれば結局自由に研究を進められず、方向転換を模索せざるを得なくなる。ただ、それを考えても、裾野は広く取っておいたほうがいい。いざというときに重箱の隅をつつく好事家のほうが救いになるという可能性もあるわけですから、そういう人をあまり叩き過ぎるのはやめたほうがいいなとは思います。

3. 各分野と比較してみたり、英語教育系学会の系譜をみたり

寺沢 他の学会や分野と比較したとき、なにかヒントはないですかね。といっても、基礎研究志向の強い学会はあまり参考にならなそうですが、日本教育学会なんかはどうでしょう。学会単位のプロジェクトをやってますか。

亘理 日本教育学会の執行部は、近いところでは「9月入学」に対する提言や、『教育学年報』というシリーズで最近、世織書房から再び出している本など、実証研究というよりは論壇を作っていくような活動をしていますね。

寺沢 なるほど。社会学関係で考えてみても、あまりありません。学会単位で大規模調査をやってエビデンスをつくっていっている日本の学会というと、たぶん、家族社会学会くらいですね(注：日本家族社会学会「全国家族調査プロジェクト」)。

酒井 他の教科教育系の学会では、そもそも実証研究が主ではないような印象があるんですが。

亘理 問題を持ち寄って議論する場ではあるけど、そこを拠点として何かを実証しようという感じではないでしょうね。

寺沢 だから、実証研究を担っているのは、現状、学会ではなく、数少ない大型科研でしょうね。

亘理 学会もそういう場のはずなんだけど、大学の垣根を越えられるのが科研だから。

寺沢 JASTEC(日本児童英語教育学会)は昔からやっていますよね。早期英語の

エビデンスをつくろうというプロジェクト。

酒井 調査チームというか研究チームを作るというのは、学会として制度的に可能です。それこそ寺沢さんが言及する80年代のJASTECのプロジェクトは、その流れでできたものだと思います。

寺沢 そうですね。エビデンスの質という点では残念ながらまったく参考にならないと評価していますけど、80年代にあのプロジェクトを立ち上げたというのは先駆的だったと思います。学会の看板を背負い、早期英語がいかに有効かっていうのを示そうとしたという面では、本書のエビデンスの考え方に通じていると思います。

酒井 寺沢さんも『小学校英語のジレンマ』の中で書いていたように、ある意味、JASTECの設立背景自体がそこを目的にしていたから、学会の目的とエビデンスをつくる機能がまさに一致したという、そういうケースだと思います。

亘理 そういう意味で、大学入試での外部試験導入の問題では、日本言語テスト学会が一応、声明を出したりしましたね[1]。これまでも学会が声明を出したっていうのは、早い遅いは別にしても実際にあります。ただ、今、全国英語教育学会(JASELE)や外国語教育メディア学会(LET)、あるいは中部地区英語教育学会(CELES)などの地区学会が動くということは起きにくいですけどね。

浦野 昔、JACET、JASELE、LETの3学会が共同声明を出したときにも、ものすごく大変だったらしいですからね[2]。

亘理 「英語の授業は英語で」という方針にナンセンスだって学会声明を出そうとはたぶんならないですよね。それが絶対いいという人も一定程度というか、むしろマジョリティでいるだろうから。

浦野 日本言語テスト学会はたぶん、所帯が小さく、わりとフットワークが軽いからできたのかなという気がします。あとは、役員クラスの人たちが同じ方向を見ている。テーマ、研究、分野として言語テストに絞ってるから、比較的、会員が同じ方向を向けるというのがあるかもしれないですね。

---

[1] 2017年に提出された「『大学入学希望者学力評価テスト(仮称)における英語テストの扱いに対する提言』と解説」のこと。大学入試に4技能テストを導入する方向性について支持を表明すると同時に、テストの作成・実施にあたっての留意点を述べたもの。

[2] 2018年に提出された「教育再生実行会議で提案された大学入試制度(英語)の改革案について」のこと。4技能総合型の入試の必要性を訴えるとともに、国主導のテスト作成の実現を要望し、同時に、性急な外部試験の導入には慎重であるべきとする内容。

亘理 「なぜ追試が増えないのか」という第3章で議論したことの根本的背景にも、日本の制度として、先ほど言っていた博士課程がないということが関係しますね。英語教育の研究者が教養英語を担当する部署か教員養成課程に多くいるという。

寺沢 そうでしょうね。

亘理 さて、浦野さんは好き勝手みんながやればいいわけじゃなくて、学会主導であるテーマにリソースを集中させてはどうかという立場ですけど。酒井さん、先ほど話題にも出た研究者の独立性という問題と絡めて改めてどうお考えですか。

酒井 学会主導で取り組むという考えには賛成です。ただ、基礎研究とか、自分の関心のある研究とか、学術的に研究する研究の独立性はある程度残すべきでしょう。たとえ、政策決定や実践の意思決定のために何かを語ろうとする場合でも、やはり基礎研究や応用研究の場所を作っておくというのは必要だと思います。1980年前後には新構想大学の教育大学が、1990年前後には教育系大学院が各地に設立され、教員養成系の大学院に院生が多く集まったというような時代、つまり、研究者の大量生産的な時代があったと思います。あの頃、大学院によっては、ちょうど浦野さんとか僕が大学院生のときですが、新構想大学の大学院の人たちの中で、指導教員の研究テーマに関連して追試をするというケースは、なくはなかったという気がします。

亘理 なるほど、立ち上げ期。

酒井 その当時、基礎研究のような形で研究を進めた人と、そうではない人が混在していました。これが今度、大学院改革によって教員養成を教職大学院のほうに移行するという制度的な動きになっていったときに、研究する場所としての大学院の機能がちょっと薄れてきているところがあると思いますね。

亘理 そうですね。それこそ『はじめての英語教育研究』（研究社、2016年）を出したときも、教職大学院が増えるタイミングで、好き勝手な報告書レベルのものが大量生産されるのを防ぐのに役立ててもらうことを期待した部分があったと思います。そういうここ20〜30年の大きな流れの中でも、最初の頃にはわりあい、今で言うリプリケーションのやり方はあったというわけですね。工藤さんは研究者の独立性の保障についてはどうですか。

工藤 院生がテーマをどう選ぶかというさっきの話にも関係しているとは思う

166

んですけれど、ここでちょっと私の父親の話をしますと、父親は理系の大学
の教員でした。電気工学をやっていて、自分は小さいときから父の研究室に
遊びに行っていました。研究室には研究機材があるわけですが、その関係上、
ゼミ生や院生は、その機材を使ってできる範囲の研究をするしかないので、
結果として同じような研究にならざるをえないわけですね。それはもう選び
ようがないというか、もうそこにある機材が研究テーマを決定する主要因に
なる。だから、その研究室が同じような研究をずっとやっていて、積み上げ
式でできるという良さもあります。

　英語教育ではそういう資源による研究テーマの固定が環境的に生まれにく
いし、教員になりたい人もいれば、そうじゃない人もいたりといった人材の
多様性もある。それに、研究資源が限られないので、研究テーマを広げよう
と思えばどうにか広げられてしまう側面もある。たとえば私の父親がやって
いるテーマは、一般人が何も知らないテーマですよ。一方で、英語は学習者
としての経験が誰にでも多少はあるから、ちょっとでも何かそれらしいこと
が言えてしまうということがあります。だから、自分もいつも悩むんですが、
本当は指導する自分自身があまりそのテーマに詳しくないのに、ゼミ生にそ
の方向でやっていいよと言ってしまっているような気もします。学会発表で、
やったことがない研究テーマを聞いても、何となくわかってしまいますよね。
本当はわかってないかもしれないけど。だから、そこのところが英語教育に
とっつきやすさはあるのだけど、そのこと自体がある種のハードルになって
いるような気もします。

亘理　エントリーポイントの低さや、ハードやデバイスの問題がないことが、
かえって害を生んでいるというようなことですね。面白い。

工藤　考察も、自分が学習者のときの感覚みたいのをちょっとかっこよく書け
てしまえば、見た目はそれなりに整ってしまうのが、やはり問題でしょうね。
たとえば、父親から「論文の英語見て」ということを言われたりするんですが、
全然内容がわからないですもん、当たり前ですけど。

亘理　使ってる用語や概念系がまったく違いますものね。

工藤　父親の論文の研究結果を見て何か考察をと言っても、当然自分にはでき
るわけがない。でも、英語教育の分野というのは、そういうところで誰でも
入れてしまう。だから、逆に同じテーマを選びにくいというか。似たような

　ことを研究テーマにすると、誰かの真似をしているというネガティブな評価になりやすいのかなあと。英語教育の中でも、自分の専門ではない内容をテーマに選んだ学生を指導するときなどは、たまに罪悪感を抱く時もあるのですが……。

亘理　そこのところに関して、他分野の知識があると、第1章はさらに面白いんですよね。工藤さんのお父さんの論文をわれわれには論評できないとしても、工学系の人であれば、コンデンサーの熱伝導率がどうのという公理系がちゃんと共有されているから、それを応用して作ったものの評価の話ができる。そうした公理系がないという話を第1章でしてるんですよね。

工藤　でも、この現状というか、英語の学習者としてはみんな経験があるみたいなところの事実は変えられないわけだから、この分野でできることとできないことを、ある程度はっきりさせて、他分野のいいところは取り入れるけど、無理なところは無理して追い求めないというスタンスがないと、どうしても発展しにくいのかなと思いますよね。

亘理　さて、論が一通り出た感じかなあと思うのですが、みなさんの意見を聞いて草薙さん、何かあります？

草薙　納得しました。ちょっとまとめさせてもらうと、対象とする現象が英語教育だというと、誰でも論に参加できてしまうというのは、工藤さんがおっしゃったとおりですね。またそもそもの役割として教員養成がありつつも、ほとんどの大学院には博士課程がないし、理系のようにゼミが持つ研究資源もあまり関係ないという状況があった。もちろん、大学院の制度改革などもあった。こういう複雑な状況の中で、科学的な研究への傾倒というのも、そうせざるをえない切実なニーズと複雑な背景があったわけですね。

4.　反SLA、あるいは "SLA" の不在

亘理　個人の頭の中を見ているという形で、政策的な決定に寄与するより自身の関心に基づく研究業績を優先する研究者たちに対して、何か言っておかなくてもいいですか。

浦野　言うとしたら、自分のものも含めてそういう研究は「エビデンスの蓄積にはあまり関係してないよ」ということですね。

亘理　この座談会がまさにそういう研究の位置付けはどうなるかについてです。打合せの時点で問題として指摘すべきだという話になったのは、たとえば『第二言語習得研究に基づく英語指導』といったタイトルの本で、そこにはインプット強化(input enhancement) の事例、つまりインプットを与えるさいに下線を引いたり強調するなどして生徒に与えると、重要なポイントが目立つようになるから習得が促進されるというものがありました。確かにそれ自体は実験室で研究した論文ではあるので間違っているわけではないのですが、それを紹介した後にインプット強化を用いた実践例という構成になっている。しかしその実践例自体にはなんの実証的な裏付けもない。結局、書き方としては、インプット強化の研究をデモンストレーションとして示すことが、あたかも実践例の指導の効果にもエビデンスがあるという、つまり確かな因果効果を持っているような見せ方になっている、しかしそういった本はよくないということでしたね。

浦野　そういう話をしましたね。でも、それはそうですよ。いくつかの研究をピックアップして、それを基に具体的な指導法の提案をしても、その提案自体は科学的な根拠に基づいているわけではありません。第二言語習得研究に真剣に取り組めば取り組むほど、それに基づいた指導法を具体的に提案することには臆病になりそうです。

亘理　……というのが一つの側面で、もう一つの側面、第 1 章で言うと、科学的真偽のアプローチに立つ人たちの研究はどのように位置付けされるのかということですが。

寺沢　そのような本で紹介されている困った研究事例は、典型的な QRP(Questionable Research Practice: 不正とまでは言えないが、不誠実かつ問題の大きい研究慣行のこと)の話なので、なぜダメなのかは異論が出ないですね。だから、理論的には無視しちゃっていい話だと思います。むしろ、エビデンスを考えるうえで大事なのは、後者の論点。

亘理　前者について言うと、では、その QRP の人たちがなぜわりと売れ筋な論調になってしまうのか。

寺沢　それはもう、社会学、とくに科学社会学の問いなので、とりあえず措いておく……。

亘理　確かに論点としては後者のほうが重要です。科学的真偽のアプローチの

立場の人たちは、研究にどういう意味を持ってるかという。つまり、世界を対象とする真実の解明や一般性、普遍性を研究のゴールとする自然科学的なタイプの研究ですね。

寺沢 その点についてちゃぶ台返し的なことを言ってしまうと、英語「教育」と科学的真理の追求というのは、そもそも矛盾していると思っています。教育は応用、真理の追究は基礎という意味で。「自分は英語教育研究者です」と言ってる人が、安易に「真理の追求」のような看板を掲げてもいいのか。そもそもそんなことが可能なのか。

草薙 現状追認的な言い方ですけど、結局、寺沢さんが言ったように、これだけ過去に SLA が流行したということには、それなりの理由があったんだと思うんです。それも確かに社会学的な分析の対象だと思います。たとえば、SLA という表現は、マーケティング用語として事実、かなり有益なんでしょう。企業の研修コンサルティングの方で、「第二言語習得に基づく英語学習法」をコンサル内容として伝授されている方もすでに実在するようです。また、一部の学生の中には、SLA という言葉やその自然科学性によって英語教育に関心を持ち、その後英語教育の担い手になったり、SLA を学ぶ中でよい授業実践を目指す先生もたくさんいらっしゃるでしょう。自分の授業のやり方が SLA の知見と一致していると知れば、心理的にも安心しますし、クオリティ・オブ・ライフが上がったりしそうです。それに、SLA を掲げると科研を取りやすい時代もあったでしょうね。こういったある意味実用的な機能に私は関心があります。

亘理 なるほど。現実における機能を見ているわけですね。草薙さん自身は、そういう現実における機能は置いておいて、あくまでも立ち位置として、生成文法とか、認知心理学とか、人間の認知メカニズム自体を明らかにする意味での SLA などについてはどう思いますか。

草薙 立ち位置について何も思うことはありません。しかし、英語教育に資する SLA ということに限れば、寺沢さんの言うように、最初から自己矛盾していると思います。これまで科学的に認知メカニズムとか習得メカニズムといったことを見事に解明し続けて、その教育的応用によって社会に莫大な利益をもたらしたという評価を受けることはないでしょう。話を戻してしまいますが、その科学的な研究成果自体というよりは、間接的な機能による貢献

は疑いません。それに、英語教育研究の変遷を語る上では、研究人口を増加させようとする拡大方針と広告的な戦略に卓越している点が SLA 分野の顕著な特徴だと思っています。

亘理 まさに、デモンストレーションというか、一種の変革の運動のアプローチとして、そういうことを例証して、広く社会に示してきたということですね。

草薙 そうです。デモンストレーションとしての心理学といった見方がありますね。実際になにか、厳密に科学的な意味において真偽を解明し、それを応用したわけでなくても——そもそもそんなのは成立しない現象ですから——でも、たくさんの専門用語を作り、それを整理し、市民に広め、そして実証性に目を向かせ、英語教師の認識を大きく変えたのではないでしょうか。それが将来に渡る肯定的な歴史的評価になるでしょう。

亘理 浦野さん、なにか反論ありますか。

浦野 わからない……。

草薙 そうですね。浦野さんがふだんおっしゃっている SLA という態度と、私が述べている SLA は違うのかもしれませんね。

浦野 SLA という言葉が悪いんだろうなあと、僕は思っています。

亘理 すべて applied linguistics にくくられるのかもしれませんけど、英語教育に求められるのはこちらの意思決定のアプローチの研究であって、浦野さんがもともとコアでやってるような研究は、言語学の研究をやっているとしたほうがいいという感じでしょうか。

草薙 ええ、たとえば、私がちょっと苦手とする認知メカニズムの解明は、英語教育研究ではなく、言語学や心理学といった別分野の研究目的としてならば、私は問題なく認めます。他所の分野の方針にことさら口を出す権利はないし、私の批判も関係ないです。それに素人として、そういったことに私が関心がないわけでもなく、むしろ憧れを持っているかもしれません。しかし私は純粋な言語学者や心理学者や応用言語学者ではないですから。

亘理 そうすると、英語教育に直接的に寄与している部分はまったくなくて、別個の学問分野の研究と思ったほうがいいということですね。

草薙 そうです。たとえば、朝のテレビ番組で、脳科学とか国際政治とか栄養学とかある分野の専門家だった評論家が、まったく専門外のはずの英語教育に関することに言及して、でも実際に共感されて世論を形成していることも

ありますね。それと似ています。SLA が他分野なら、その他分野の学術性を
尊重して、僕はお話を聞きたいと思うし、別の観点から何かを学びたいとは
思うんですよね。

浦野　……といったときに、では、英語教育の分野ではどういう研究を行うべ
きなんでしょう。「こういう研究を行うべき」と、どこから導き出せばいい
んだろうかという問題です。僕が草薙さんと違うところは、言語学であれ心
理言語学であれ、そういうところの知見は英語教育にすぐ応用するとはとて
も思わないけれども、仮説を立てる段階でそういうものを借りてこざるを得
ないのではないかという点です。たとえば心理学であれ社会学であれ、そう
いう他分野からの何らかの知見を借りてきて、英語教育の分野ではこういう
研究課題が成り立つんじゃないかと構想することってできませんかね。そう
いうことを考える材料の一つとして関連他分野の基礎研究は意義があるんじゃ
ないかと僕は今でも思っているんですよ。なので、SLA などは他分野だから
全然関係ないと言ってしまったときに、英語教育研究というのは実に孤独な
営みで、他の分野をすべてシャットアウトして意思決定を行うことになり、
どういう研究を行うべきかという議論は生まれず、今目の前にある現象を今
持っている考え方で追っ掛けることしかできずということになってしまいま
せんかね。

草薙　難しいのは、SLA を他分野として認めてしまわないと、英語教育研究オ
リジナルの知見やディシプリンがゼロであることを、暗に認めてしまうこと
になるんです。ある程度の線引きをしないと、英語教育研究の知見は、まっ
たくすべて他分野に依存してしまっているという話になります。

亘理　これは、SLA というラベルが適切なのかと浦野さんに言われますけど、
第二言語習得研究が学習者の学習プロセスを明らかにするというのは、他の
どの領域よりも、自分たちには英語教育に関与するレゾンデートルがあるん
だという、SLA の一つの主張の根拠になったわけですよね。英語教育それ自
体が空洞なのか真ん中に何かあるのかという意味で言うと、学ぶという現象
は確実にあるわけですから。むしろ教師が一方的に教えたつもりになるだけ
という前時代的な段階から、視点を学習者中心に取り戻すということに SLA
がこれまでやってきた価値があるわけでしょう。

浦野　それだって、SLA というわけでもなく教育学全般の知見ではないのかと

いう……。

亘理　教育学一般もそもそも学際的で、学問としての自立性はあまりないわけですよ。固有の研究対象はどうなるんだという浦野さんの疑問はもっともですが、SLA は、自分たちが第二言語を学んでいるプロセスを明らかにしている学問であるのだから、他分野、たとえば文学や英語学と比べても、最も英語教育の中心的な部分に関与しているということで自分たちをアピールしてきたわけですよね。少なくともこの 20、30 年は。僕が草薙さんに賛成する点は、そうして SLA の人たちが教育に入り込んできたものの、実際には英語教育というのはその学習だけではなくて、授業の実践方法から教育制度、社会を構成する様々な要因までが複雑に関与してそれでやっと成り立っているものですから、学習だけの論理について好きなことを言っても現実は決してそのとおりにはならない、というのが今の現状ではないでしょうか。視点を一歩下げたときに、では英語教育研究の中身は空洞かと言うと、そうはならないと思います。デカルトのように疑って確かなものには何があるかと考えれば、教える人と学ぶ人と、対象の英語というのは絶対疑えない存在としてあるわけです。そういう意味では、それを明らかにする学問はなにかと言えば教育学。教育学そのものが英語教育と合致するわけではないのだとしたら、やはり結局は空洞なのかもしれない。しかし、僕は草薙さんの提言が重要だと思うのは、SLA は従来、英語教育研究の隣接分野だった文学や英語学を虐げて独占的な地位を築いたように見えるかもしれないけれども、所詮は同列の他分野の一つなんですよ。

草薙　そう、文学も英語学も心理学も、そして SLA もすべて同列な他分野。

亘理　この運動は 1 回したほうがいいですね。ここ 20、30 年の動向に対する反動というわけではありませんが、「いや結局、位置付けとしては同列でしょう」ということ。英語教育に寄与する学問の貢献の度合いとしても、それぞれ同等ではないかという感じです。だから、浦野さんが危惧しているように、そう捉えたとき、英語教育研究は空洞なのかもしれません。……と話を進めてくると、最終的にドーナツの穴を発見したみたいな結論に至っていますが……大丈夫ですかね、それはそれでかっこいいかもしれませんが。空洞かどうかの議論は、これからやってみないとわからないと考えるので僕の結論は tentative にしときますけど、カナダの応用言語学者 Stern が言語教育分野の

モデルを立てたときに[3]、歴史学、社会科学、認知科学などをあくまで並列して置いてるんです。自ずから学際的であるというモデルを出しているのですが、SLA はそこの中で唯一特別な存在だというのを主張しすぎて害を招いたというところも指摘しておくべきですね。ISLA (Instructed Second Language Acquisition) というものを誕生させて。

寺沢　その点で言うと、前著の『はじめての英語教育研究』には歴史を語る箇所がないですね。

亘理　寺沢さんは、その点に怒っていますよね。

浦野　英語教育についての歴史研究って、僕たちもほとんど知らないんですよね。ないんですよね、体系としてね。

寺沢　それが 90 年代以降の日本の英語教育学の問題です。というのも、英語教育に関する研究者コミュニティは、戦前から戦後しばらくの間は英文学者と英語学者が担っていたんです。で、それまでは英文学・英語学・英学史という 3 つの柱だったんですけど、途中から歴史の話は脱落してしまった。

浦野　どうして脱落しちゃったんですかね。資料としてはあるわけじゃないですか。英語教育学の歴史についても、江利川春雄先生(和歌山大学名誉教授)を中心に多くの資料を集めた研究がある。

亘理　そうですね。浦野さんが今出した疑問は英語教育だけの話ではありません。日本の教育学全般において、歴史の位置が狭められてきた流れがあります。ある時点で教員免許の必修科目ではなくなったんですよ。

浦野　なるほど。そもそも歴史に関する授業がないですよね。教員養成の授業にもない。

寺沢　何らかのイデオロギーがはたらいて、教育研究から歴史とか社会科学的なものが排除されて、技術的な方向に偏っていくという動きが 80 年代、または 90 年代にあったのかなという印象です。

浦野　何だったんでしょうね。

亘理　第二言語習得の人たちがわりあい、教育に、草薙さんの言葉で言うと領空侵犯しているみたいな現状について、何か意見はありますか。

寺沢　領空侵犯という点でいうと、ちょっと研究者のバランスが偏っていると

---

[3]　Stern, H. H. (1983). *Fundamental concepts of language teaching*. Oxford: Oxford University Press.

思います。こんなに SLA の人は必要ないだろうというように思っています。もうちょっと社会科学系のトピックを扱ったら？ と思います。

浦野 なんでなんでしょうね。

草薙 ここでは年長の酒井さんに聞きたいんですけど、資料を見ると、70 年代の CELES はやはりそういう科学的なアプローチといったものに少し冷静な立場のほうが主流派だったんですよね。だから、本書でも引用しましたけど、たとえば松川禮子先生は、政策的に決定したり実践で決定する決定志向の研究のほうの重要性を主張する論調でした。70 年代の当時は、ここで例に出した松川先生に限らずそういった論調が強かったのに、なぜか 90 年代、2000 年代ぐらいになると一気に情勢が逆転して、気づくといつの間にか科学的な SLA が主流派になってしまった。その 90 年代、2000 年代あたりに何があったんですか。出来事とか事件とかがあって急に切り替わったんですか。

亘理 先ほどの話と接続すると、教員養成系大学院設置のときにリプリケーション的な研究の流行もあったりしたということでしたね。でもそれがなくなりました。90 年代にその反動のようなことが起きたのだと思いますが、なぜでしょうか。酒井さんが学生として当時それを客観的に見ることができたかはともかくとして、振り返って思うことはありますか。

酒井 たとえば、CELES のスタートは 70 年頃で、このときの設立趣意書などを見ても、科学的というのは言葉としては確かに入ってる。仮説を立ててそれを検証する、それに他の学問的なアプローチも取り入れる、あくまでも学際的にやっていく、というような立場が書いてある。でも、初期の紀要の 1 号、2 号、3 号ぐらいの論文を読んでみると、基本的には執筆者の感想や、当時の熱い思いを思弁として書いてある論文がとても多いのです。それは、読んでいて面白いと個人的に思います。とても活き活きと英語教育研究分野に期待をしながら執筆している熱意がわかります。これが変わったのは、現実的には、学会誌の査読システムが始まったということが大きく、それが一つの要因としてあるのではないかと思います。それに、当時の中高の先生たちが海外派遣などで欧米の大学で応用言語学を学び、海外の修士号を取って戻ってきた時期と、海外の SLA を含めたいわゆる基礎科学的な研究様式が広まったのが、ちょうど時期として重なっていたと思います。国際的な流れのとい

うか、アメリカの流れのと言ったほうがいいと思いますが、ここから派生したアメリカ流の言語習得理論を学び、日本に持ち込もうとしたというのが、結果として大きい流れにはなったのかと感じます。それで教育と第二言語習得が合わさった勢力として大きくなり、従来強かった英語学、英米文学、そして英学史といった分野以外の領域を目指していた人たちからすると、この大きな分野に加わるきっかけになったのかなという印象もあります。だから、それこそ90年代の最初、あるいは80年代終わりぐらいからの時期は、教育実践を視野に置くタイプの、ロッド・エリス博士の著書に代表されるSLAが台頭してきた頃だと思います。

亘理 海外の大学院でトレーニングを積んだ人が日本に帰ってきて、その「熱い思いの感想文」自体は面白いかもしれないとしても、大量に論文を読まされたときに、それを簡単に振り分ける査読のシステムを入れようであるとか、形式的な科学性や客観性を整えようという動きになったのでしょうかね。

酒井 たぶん、その流れの次にあるのが、1990年前後の教育学部の大学院設置だと僕は思います。研究職には業績が必要という話になりますので、院生が入ってきたとき、研究業績をどうするかという点から、院生の研究指導の内容がSLA的な方向になったに違いないかなという印象はあります。そうとはいえ、中部地区英語教育学会が示しているキーワードリスト（https://www.celes.info/wp-content/uploads/editorial_policy_2020.pdf）を見ると、第二言語習得は明確に関連諸科学として、外枠にしてあります。その意味では、英語教育の全体像を見たときには、バランスが取れるように英語教育研究の形成当初から構想されていたと思います。

亘理 当時、今に続く英語教育研究を形作った人たち、たとえば鳥居次好先生や佐々木昭先生はSLAの研究者ではないですものね。

浦野 やっぱりどうしても理解できないのは、何をもってSLAとするかによると思うんですけど、僕は若い頃から全国英語教育学会で発表すると、ラベルこそ貼られていないもののいつも「その他の分野」というくくりの部屋だったのですよ。自由研究発表の分科会のどこにも割り振れなかった人たちの集まりで、前後の発表に関連性が何もないという部屋にいつも当たってきたんです。だからSLAといったときに、たとえばリーディング研究やスピーキングの研究もSLAなのかあと思うわけです。僕はそういう分野研究を指し

て SLA という言葉を使わないんですけど。

亘理　これは面白いですよね。たとえば寺沢さんは、英語教育研究系の学会に顔を出してくれるとき、仲間を持ったことがあまりないわけです。教育社会学的な、英語教育社会学と呼ばれるような研究をやる人が他にいないから、いつも自由研究発表部会で変なとこに放り込まれ、変な人に絡まれて苦労しているから「SLA の人が多すぎないか」という声になるのでしょうけど、ここで主流といっている SLA をやっている浦野さんも、確かに言われてみたら、いつも主流というより、その他のカテゴリーで発表していたという……。

浦野　僕が割り振られる部屋は、お客さんが僕の友達だけで、研究テーマは関係ないけど、飲み友達が発表を見に来てくれるみたいな感じです。ずっとそういうのが続いているから、英語教育の中では SLA というのは虐げられてきて、「その他」の扱いを受けているという思いがあります。

亘理　ここは、そのまま発言通り掲載したいですね。

寺沢　わかりました。前言撤回します。多すぎると思っているのは狭義の SLA というのではなくて、語彙と動機づけの研究者。

浦野　そこまで細分化してもらえると、僕も同意できると言いますか。

亘理　やはり草薙さんが書いていることですが、認知的側面の研究しやすさと、心理学などの discipline の由来で語彙や動機づけの研究に至るということですよね。

浦野　語彙は、SLA の中でもたとえば統語や形態素といった分野と比べると、比較的とっつきやすいのかな。確かに語彙研究は多いなあと思うときもありますけど。動機づけも同じかな。それに対してスピーキングとかライティングの研究はいまだに少ないでしょう？

亘理　工藤さんのライティングの仲間といっても、それほど多くないですよね。

浦野　実践報告みたいのは結構ありますけどね。実証研究はいまだに本当に少ないと思いますよ。

草薙　なるほど。門外漢には、よそのことだから、SLA というと縁遠くてどうも一枚岩に見えてしまうんだけど、SLA も一枚岩ではないんですね。基礎科学だから現実世界への応用、たとえば教育とは関係ないという態度を堅持する人もいれば、いや確かに英語教育と SLA は別々の分野だけど、私は隣接分野の両方をやっているんだって人もいるし、SLA こそが英語教育研究その

ものだって方もいるんでしょうね。ここらへんの整理も必要でしょうね。

5. ジャーナルのあり方についての展望

亘理　別の話題になるかもしれませんけど、国内のジャーナルはもう少し細分化したほうがいいと思います。学会等を統合したほうがいいという意見と相反するようなんですが、第3章で *Language Teaching* の話が出ているので言うと、*TESOL Quarterly* は方針がはっきりしていますよね。名前からして TESOL ですから。実証研究が載ることももちろんありますが、*Language Learning* や *Studies in Second Language Acquisition* に載っている研究とは明らかに毛色が違う。*Second Language Research* になると、本当にメカニズム系の感じがします。*Psycholinguistics* とかもそうですね。その点、*Language Teaching* は、コーナーがたくさんありますよね。リプリケーションだけではなく、自分語りのような論文もあるし、experimental studies もあって、Thinking Allowed という、考えていることを言うという主旨のコーナーもあります。日本のジャーナルも、もう少しそういう区分をつけると、読んでる人も党派性が判断しやすくなると思います。それが現状の *ARELE* や *LET* への投稿に限られてしまうと、それが国内の英語教育研究の総体だとなってしまう。

浦野　ジャーナルの中でセクションを分けるということには僕は賛成なんですけどね。あとは、実践報告を一段低いものとして見るという風潮があるというのがまずいと思います。なぜかというと、そういう風潮があるせいで、学会での発表では、研究発表と実践報告という区別があるのにほとんどみんな実践報告とは呼ばないんですよね。その代わり、中身は実践報告なのに実証研究と呼んでいるような発表が出てくる。枠が選べると自由研究発表のほうにみんな申し込んでくるんです。

亘理　セクションを分ければ、全員を動かすのは難しくとも、異なる信念の価値の調停があり得ないという事態にまではならないのではないかとほんのり期待はしています。今の議論が草薙さんの疑問に答えているのかどうか。

草薙　そうですね。英語を教えたいし、英語がうまくなったら嬉しいといった価値観はたぶん共有しているんですよね。でも、明確な価値観を打ち出すよ

うな、つまり利害関係を前提にしたエビデンス系の研究っていうのは、学会とあまり相性がよくないんじゃないですかね。英語教育研究の学会って、英語を教えたいとか、英語を伸びることを期待している職業的集団でもあるんですよね。たとえば、英語教育研究者は、英語教育不要論のエビデンスなどというのには協力しないじゃないですか。たぶんご飯が食べられなくなるから。そこらへんの価値観との独立性というのも、微妙なところですね。

寺沢 僕は、そこもニュートラルであるべきだと思いますけどね。

浦野 でも、面白い。小学校への英語教育導入に関しては反対の人が多かったですよね。いや、多くなかったのかな。僕の周りだけですかね。

亘理 エコーチェンバーの可能性もありますね。寺沢さんは立場として平等性や公平性には敏感である一方、別に根っからの英語好きではないし、英語がうまくなって嬉しいみたいな価値観は持っていないと思いますが、逆のことも言えると思います。*Modern Language Journal* などのジャーナルになると、明確に translanguaging といった複言語主義を押し出して、今、多言語環境で抑圧されている人を救わねばならないという主張を論文として頻繁に掲載するわけですが、日本にはそういうものがないですね。だからみんな、英語を勉強したい、英語ができるようになりたいという、ある意味でフィクションの土台の上に成り立っているところがあると思う。僕はどちらでもいいから、立ち位置は明確にしたほうがいいと思います。価値中立的に英語教育を論じるか、もっと党派性を出して「今のこの日本の外国語教育環境はどうなっているのか、不平等を是正していかねばならない」という感じか。どちらかをはっきりしたほうがいいと思います。

寺沢 その党派性の話で思いついたんですけど、日本の英語教育系のジャーナルには特集（Special Issue）がないですね。特集がないので、党派的なことを集合的に議論するのが難しい。だから、結局、「特集」に相当するものを、商業誌に頼っているのが現状です。商業誌は「重要だが地味なテーマ」「学術的に最先端のテーマ」は扱われづらいのでそこが大きな問題です。具体的にどうしたらよいかについて私はなんのアイディアもないですけど、一つ思うのは他の分野では、*ARELE* に相当する学会誌がちゃんと特集をやっています。やっぱり、*ARELE* にそんな土壌はないですか。

浦野 *ARELE* はボトムアップだから無理ですよ。編集委員会が地区学会の持

ち回り制度になっていますし。

寺沢　じゃあ、むしろ CELES が special issue を組むとか。

酒井　いや、可能性があるのは *JALT Journal*？

浦野　*JALT Journal* も編集長の権限がかなり強いんですよね。同じテーマの論文の投稿が続くと、「この論文はその系統のテーマで最近掲載されたからリジェクトだよね」といったこともあったりします。編集長の意向はわりと強く働くんですけど、special issue はできないかもしれません。でもセクションはいろいろあるので、カウンターポイントみたいなことはできます。JALT で 2 ヵ月に 1 度出している *The Language Teacher* のほうは年次大会の前に特集をやっているので、そういう形で貢献できるのじゃないかな。

亘理　これまでの話を総合すると、やはり難しいですよね。海外のジャーナルは独立したエディターがいて、どうするかをチームで先々まで考えて special issue を組む。テーマを募集する公募制の仕組みもありますよね。日本の学会は研究会の SIG レベル、つまり個人やグループが興味を持っていることを応援するぐらいの仕組みにはなっていますが、最初のほうに話した、学会が主導して、「では individual differences について special needs に関する論文を集めた special issue を出しましょう」とか、そういう感じにはならないですよね。

寺沢　日本教育学会にそういうのはないですか、『教育学研究』に。

亘理　『教育学研究』にはありますね。年 4 回出していて、そのうちの 2 号は投稿論文とは別に特集を組んでいます。

寺沢　日本教育社会学会のジャーナルは年 2 回のうち 1 号が特集号ですね。

亘理　それはやはり、規模の大きさですかね。全国英語教育学会ぐらいの大きさの団体が教育学のほうには日本教育学会 1 つしかないし、地区や学会が寄り集まってできているというようなボトムアップな組織ではないので、そこがポイントですね。

寺沢　それがメリットですよね。業務の多くは外注だし。ま、それで学会費は高いんですが。

亘理　そうなんですよ。確かに日本教育学会や日本教育社会学会にはそれができているんですよね。そこで展望論文を出したり、そのときどきの教育問題についての論文を集める招待制が成立している。

浦野　それは、テーマを決めた special issue ですよね。そういうのは誰が決めるんですか。

亘理　その学会の中の紀要部会、委員になった人たちが合議で決めるという感じでしょうか。

浦野　英語教育について僕が知っているのは、*LET* と *ARELE* ぐらいですけど、もう運営を回すことだけで精いっぱいですよね。だから、その中身については、査読の規定を変えるとか、そういうところまではいけるけど、トップダウンでエディターにある程度、何か任せるような感じでの special issue というのは実現が難しいと思います。そもそも、年 1 回発行だからなおさらですね。セクションをつくることぐらいは、もしかしたら可能かもしれないですが。別立てにして、別の編集チームをつくって、*ARELE* 何号にはスペシャル何とかというセクションをつくって、テーマを決めて論文を集めるというのは、理屈上は可能かもしれません。ただその規定づくりから始まるので、各地区への根回しと理事会にもまれるのに耐えるだけの神経のずぶとさが必要でしょう。

亘理　今、寺沢さんに言われて思い出しましたけど、日本教育方法学会は年に 1 回、書籍を出すんですよ。図書文化から学会誌とは別に本を出しています。学会開催のタイミングでその本を会員に配るのですが、一般販売もしています。それが実質的に special issue を兼ねていますね。学会誌は学会誌として、自由投稿論文を掲載して毎年 4、5 月に発行しています。日本教育学会も、年 4 回のうちの複数号は通常の投稿論文を載せているので、少なくとも 1 号をそういう special issue にしても文句は出ないですよね。さらに、世織書房からそういう special issue 的な企画の本を出したりもしています。そうすると、本を出したことが影響して、それを読んで論文を書いたり研究したりする人が現れますね。学会が主導する研究のプロジェクトではないけれども、ある意味でムーブメントをつくる機能を果たしていると思います。英語教育にはそれがないですね。

寺沢　思い付きですけど、*ARELE* は今、学術研究については英語の論文しか受けつけていないから、逆に理由はつけやすいと思うんです。つまり、日本語で商業出版をやる。だから、結局、今の話を総合すると、日本の英語教育研究では商業出版が special issue を担うみたいな感じになりますね。

亘理　それは結構いいかもしれない。具体的な提案として、実現するかどうか
　　　はともかく、浦野さんが言った学会誌のセクションを充実させるという方法
　　　と、商業ベース、一般流通に乗るようなベースでの本であってもよいかもし
　　　れない。

浦野　でも商業ベースはどうなんでしょう？　今回この本はいいけど、別の機
　　　会に僕らが別の本を書いた際、編集部とのせめぎ合いがあって、「理論的な
　　　話が多いと売れないから、そういった内容を減らして実践的な話を増やして
　　　ほしい」とずっと言われましたよ。

酒井　だいぶシステムが変わってしまいましたけれども、中部地区英語教育学
　　　会の課題別研究プロジェクトがそれに近い感じですね。

亘理　ある意味で special issue を出してますよね、書籍化して。

酒井　当初は、テーマは、基本的には学会が決めるというのがスタンスだった
　　　と思います。そのテーマで研究者を集め、行った研究を出版などを通して公
　　　開して世に問いなさいといったことをしたということだと思います。近年は
　　　システムが変わり、個人の研究の関心で集まってくださいっていうようにな
　　　りましたが。

浦野　そこを取り戻すことはできますね。課題別は今、公募制になっているの
　　　ですけど、もともと運営委員の中で根回ししてという感じでした。だから、
　　　そこをたとえば何年に１本は学会主導でこういうテーマで立ち上げますとい
　　　うのは可能かもしれません。でも、今の枠でもできますね。学会の中で誰か
　　　しらを立ててやればいいのだから。

6.　若手をどう支援するか

草薙　最後にもう１点。これからの若手支援の仕方についても、皆さん方から
　　　一言ずついただきたいなと思います。学会とか大学でこんなふうに若手を養
　　　成していくべきじゃないかというような……。

亘理　浦野さんのような自称「若手」ではなくて、本当にこれから英語教育分
　　　野で大学院に進んだり職を得たりしようとする人のこと、そして研究に関し
　　　てということですね。

草薙　ええ。この本は研究についての本だということなので、これから研究を

する人の支援ということです。最後に明るくなるような雰囲気にしたいじゃないですか。ちょっとこの本自体が悲観的だし。提案をさせてもらうと、一つは学会の若手支援委員会みたいな組織を、今の規模よりもはるかに大きくしなければならないということ。あとは、発表会みたいなタイプの独立したイベントをもっとしなきゃいけないということ。結局、今の大学院は教員養成としての側面が大きいので、修士論文の社会還元がなんにもない、つまり研究のまま、学内で審査をする先生の前でしゃべって終わりなんですよね。社会還元がないといけないから、そういった発表の場を設けないといけないと思うんです。すると、発表の場があることで修士論文がある程度、意味のある研究になっていくんだろうということを思います。教員養成の先生方の前で申し訳ないですけど、単純にクオリティが上がると思うんですよ。他の大学の先生の目に付くようにもしたら。あとは、学会参加費等の金銭的支援ですね。ある程度、若手を支援しないと学会にはもう人は来ません。他分野の学会ってどんどん金銭の支援をしたり、賞を与えたりとか、交通費を出したりしているんですが、もっと英語教育もやらないといけないと思います。読むべき本とか学ぶべきこと、たとえばもっと方法のことも学ぶべきだとか、もっと政治学的な思想を学ぶべきだとか、もっと現場の知識を得るべきだとか、そういった学習内容のことについても、僕がメモを取りますので、コメントよろしくお願いします。

寺沢 その点で言うと、英語教育系の学会に顔を出していると、どこも判で押したかのように、現職の先生に向けた企画が多い。若手院生・研究者に向けた企画をやる学会が現れないかなと思っています。要するに、学術志向のところと現場志向のところの棲み分けですね。

亘理 それで言うと、まずは「学会に行くならば総会に出よう」ですね。総会に行って若手の声を上げよう。年寄りの発言みたいで嫌ですけど、これは今、有権者に占める高齢者の割合が多くなっているからこそ若者世代が自分たちのために意思表示をすべきであるのと同じことです。寺沢さんが言った意味での現職の先生に熱量がいくのは、現職の先生が会員の声のボリュームとして多いからですね。だから、若手の会員が少ないとしたら少ないなりに声を上げないと駄目で、総会でこういうことをしてほしいっていうのを積極的に言って、それに上から蓋をしていく学会なら、もう相手にしないで辞めたほ

うがいいと思う。もう一つ精神論としては「越境」を基本とするほうがいい
と思います。つまり、相反する方向ですが、一つの学会や、自分の指導教員
が所属している学会が絶対とは思わずに、興味のある他分野の研究会に顔を
出す。われわれがすでに実際にやっていることなわけです。大学の研究室で
育ててもらえるという、仲間グループの環境効果にどんどん期待できなくなっ
ていくとしたら、興味ある研究会などに顔を出して、関係を作り、名を成し
ていくという覚悟を持ったほうがよいと思う。そのとき、興味のある他分野
の人に接したときに、名刺代わりになるドメイン知識は何らかの形で深めて
おくべきということですかね。

寺沢 そういう点で言うと、SNS でもやるという方針もある。

浦野 Twitter はやめとけばいいという若手もいますけどね。人によっては悪
影響だって人も。

亘理 でも、研究者としての距離感を若いうちに学んでおかないと、大学教員
になった後、困るでしょうね。僕はむしろ、われわれの世代がもっとアウト
リーチすべきだと思っています。

浦野 学会としての若手支援というのは、金銭的な面に関しては、やろうと思
えば可能だと思います。ただ、なかなか理事会などでうんと言ってはもらえ
ないのです。たとえば掲載料は無料にしてほしいといったことについても。「学
生だけは紀要の掲載費、無料にしましょう」と、いろいろ言ってきたのです
けど、「一部の人だけにそんな権利を与えるわけには」とか言われてしまって、
いつも僕の案はリジェクトされるのですが、もうちょっとしたら少し変わる
かもしれません。声は出しているので、時代としてはもうちょっとかな。

工藤 学会が支援するということは、非常に有意義だと思います。確か、関東
甲信越英語教育学会が、今はあまり活発にやってないかもしれないのですけ
ど、何年か前に研究支援制度のようなものを作っていて、研究費も助成して
いたかは覚えてないんですけど、指導教員みたいなものを、学会の大御所で
はないですけど、指導担当できる人をつけるみたいな取組みをしました。つ
まり、学生であれば大学の指導教員がいるんだけど、大学の修士を出て現職
で働いていたり、あと大学で働いていて、まだ自分なりに自立した研究者に
なっていないという方がいます。前に所属していた大学の指導担当の先生に
もう1回頼むというのもあると思うんですけど、1回修了したらフォーマル

にはなかなか指導を受けられないとなったときに、学会で指導教員を、派遣じゃないけど、マッチングしてあげるというような制度を、確か関東甲信越英語教育学会がやっていたと思います。それで指導を受けたら学会で発表して、論文投稿しなさいみたいな制度はよい取組みですよね。制度として、研究費を助成するという方法もあると思いますが、お金をもらっても研究手法がわからなかったら、お金の無駄遣いになってしまうので、研究指導者の派遣のほうが、よい制度かもしれませんね。

亘理　知恵やリソースを提供するということですね。

工藤　はい。そういった人的支援の方法も、あるのかなと思うんです。あとは、今日みたいな座談会を、インフォーマルに公開でやって若い人に見てもらったり聞いてもらったりというアイディアもよいですよね。こういう現実的な話を若い人に聞いてもらうことによって、こんなことがキーワードになっているとか、こういうようにおじさんたちは考えているんだとか、過去のわれわれが院生だったときの話も、あえて入れながら、こういう企画を計画するのも、もしかしたらいいかなあと思います。われわれのコミュニティみたいなものに入っていきたいといった雰囲気をつくるっていうのも大事なのかなと思います。

浦野　今がチャンスかもしれないですよね。学会が軒並み中止になっているので。オンラインのイベントだと、わりと日程にも余裕を持って参加できるじゃないですか。

工藤　この前、私が所属している ELEC 同友会英語教育学会という、主に小中高の現職の教員が集まる会で学生セミナーをやったら、酒井さんからも紹介を受けたという学生も来てましたが、結局 200 名ぐらい来てるんです。200 名、Zoom でやりました。今の例は実践的な研修の例ですが、研究支援のためのオンライン研修もニーズがあるのでは。

浦野　オンラインでやれば地理的な制約はなくなるじゃないですか。今年に限らず、こういうことがオンラインでできるようになって、これからもそういうやり方であまりお金をかけずにできるんじゃないですかね。

亘理　この状況への対応の機動性でも、学会によって得手不得手がありますね、いろいろと。

酒井　若手の今の話と関係するかどうかわからないんですけどもいいですか。

教員養成学部の英語教育を担当する方、あるいは英語科教育を担当する方の養成がこれからどうなるか疑問に思っています。どこから育って、どのようにして大学に職を得ていくのかということを考えたときに、教職大学院が増えると、研究歴や研究者の養成歴という点で、ピンキリになると思います。教育現場や実践そのものに焦点が当てられていて、実証的な研究は考慮されていない場合もあると思います。そう考えると、草薙さんの話を聞いていて思ったのは、学会として今までになく若手研究者の養成とか、若手を育てながら先を見ていくような取組みが、今までよりもとても重要になってきていると思います。制度的に検討したり考えたりすることが必要だろうと思いました。今は教育学系の博士課程って、まだ教職大学院の上につながっていないところもあると思うんですけど、専門職修士を取得してから博士課程に行くような場合には、学会発表等や論文がジャーナルに掲載されたことをもって研究の面での経験があると見なして、進学を許可するというようなことも考えないといけないですね。教職大学院だけでなくて、先ほどの関東甲信越英語教育学会のようなトレーニング機能を持つような役割も担っていく必要はあるんだろうなあと思いました。

亘理 先ほど酒井さんが整理してくれた歴史的なダイナミズムで言うと、教職大学院が全部出そろって、そのメンバーが学会にたくさん来るようになると、また変わってきますよね。その時に、われわれがどのようにして教職大学院の人のニーズに応えつつ、今後の学会を意義あるものにしていくかみたいな話ですね。

草薙 変な話ですけど、コロナのせいで教員養成に入る学生は増えるだろうという見込みらしいです。民間の就職が悪くなれば教育系に進む人材が増えるから。大学院に行って不景気をやり過ごそうっていう人も増えてくるので、これから実は若手は一気に増えるかもしれません。これまでは減ってきたんですけど、逆に今からV字回復して上がっていく時代になるかも。

亘理 私の世代は就職氷河期のど真ん中ですが、寺沢さんとか私とかの世代に大学院重点化で増えたのと同じですね。でも今回は、教員の労働実態についてはすでに痛いほどわかっているのに、就職できないから教員になるしかないって、行くも地獄戻るも地獄みたいな状況で本当にかわいそうです。

草薙 私はリーマンショック世代です。世代的にある程度集中するんですよね。

失われた10年世代の人たち、大学院重点化時代、そしてコロナ世代っていうふうに、新しい世代が業界に入ってくる。この世代を、やっぱりどうにかして学会に引きつけておくべきだと思うんです。

亘理　思い付きですけど、若手が学会のインパクトファクターのような指標をつくるといいのではないか。若手から見た学会、若手に優しいインパクトファクター的な指標でランク付けして公開する。学会もそれを気にして若手に優しくするようになるというような。だから、若手が学会を飼いならすような、そういう仕組をつくってしまえばいいのではないかなと思いますけど。

草薙　若手は今、ほとんど複数の学会に所属してないんですよね。指導教員がメインにしている学会に一つだけ入っているっていう感じです。これまでは、若手は複数の学会に所属し、そこで気に入った学会を選んでいたような感じでしたが、これからは学会間で若手の争奪戦になるんでしょうかね。

亘理　では、こんなところでしょうか。言い残したことないですよね。皆さん、長時間、本当にお疲れさまでした。　　　　　　　　　　　　　　（了）

参 考 文 献

〈欧文参考文献〉

Abbuhl, R.（2012）. Why, when, and how to replicate research. In A. Mackey & S. M. Gass（eds.）, *Research methods in second language acquisition: A practical guide*（pp. 296–312）. Chichester, West Sussex, UK: Wiley-Blackwell.

Allwright, D.（2003）. Exploratory practice: Rethinking practitioner research in language teaching. *Language Teaching Research, 7*, 113–141.

Amano, S., & Watari, Y.（2020）. Assessing the medium of instruction in EFL classrooms: A Shizuoka case study. *Journal of the Chubu English Language Education Society, 49*, 275–282.

Atkinson, R. D.（2011）. *Alternative approaches to second language acquisition*（1st ed.）. Abington: Routledge.

Block, D.（2003）. *The social turn in second language acquisition*. Washington, D.C.: Georgetown University Press.

Burns, A.（1999）. *Collaborative action research for English teachers*. Cambridge: Cambridge University Press.

Canale, M.（1983）. From communicative competence to communicative language pedagogy. In J.C. Richards & R. W. Schmidt（eds.）. *Language and Communication*（pp. 2–27）. London: Longman.

Canale, M. & Swain, M.（1980）. Theoretical bases of communicative approaches to second language teaching and testing. *Applied Linguistics, 1*（1）, 1–47.

Concato, J.（2004）. Observational versus experimental studies: What's the evidence for a hierarchy? *NeuroRx, 1*（3）, 341–347.

Cooper, H. M.（1982）. Scientific guidelines for conducting integrative research reviews. *Review of Educational Research, 52*, 191–302.［https://doi.org/10.3102/00346543052002291］

Cooper, H. M.（1989）. *Integrating research: A guide for literature reviews*（2nd ed.）. Newbury Park, CA: Sage Publications.

Cronbach, L. J., & Suppes, P.（1969）. *Research for tomorrow's schools: Disciplined inquiry for education*. New York: Macmillan.

de Bot, K.（2015）. *A history of applied linguistics: From 1980 to the present*. London: Routledge.

DeKeyser, R. M.（2007）. *Practice in a second language: Perspectives from applied linguistics and cognitive psychology*. New York: Cambridge University Press.

Ellis, R.（2012）. *Language teaching research and language pedagogy*. Oxford: Oxford University Press.

Ellis, R., Loewen, S., Elder, C., Erlam, R., Philp, J., & Reinders, H.（2009）. *Implicit and explicit knowledge in second language learning, testing and teaching*. Bristol: Multilingual Matters.

Fennelly, M. G., Luxton, R., & Fukuda, S. T.（2014）. The influence of foreign language activity classes in elementary school on the listening ability of first-year junior high school students. 『日本児童英語教育学会研究紀要』33, 39–53.

Glass, G. V.（1976）. Primary, secondary, and meta-analysis of research. *Educational Researcher, 5*（10）, 3–8.［https://doi.org/10.2307/1174772］

Goo, J., Granena, G., Yilmaz, Y., & Novella, M.（2015）. Implicit and explicit instruction in L2 learning: Norris and Ortega（2000）revisited and updated. In P. Rebuschat（ed.）, *Implicit and explicit learning of languages*（pp. 443–482）. Amsterdam: John Benjamins.

Grabe, W.（2010）. Applied linguistics: A twenty-first-century discipline. In R.B Kaplan（ed.）, *The Oxford handbook of applied linguistics*（2nd ed., pp. 34–44）. Oxford: Oxford University Press.

Griesdale, D. E. G., de Souza, R. J., van Dam, R. M., Heyland, D. K., Cook, D. J., Malhotra, A., ... Talmor, D.（2009）. Intensive insulin therapy and mortality among critically ill patients: A meta-analysis including NICE-SUGAR study data. *CMAJ: Canadian Medical Association Journal = Journal de l'Association Medicale Canadienne, 180*（8）, 821–827.［https://doi.org/10.1503/cmaj.090206］

Howick, J., Chalmers, I., Glasziou, P., Greenhalgh, T., Heneghan, C., Liberati, A., ... Thornton, H.（2011）. The 2011 Oxford CEBM evidence levels of evidence（introductory document）. Retrieved from http://www.cebm.net/index.aspx?o=5653

Jackson, P. W.（1990）. The function of educational research. *Educational Researcher, 19*（7）, 3–9.

Kaplan, R. B., & Grabe, W.（2000）. Applied linguistics and the *Annual Review of Applied Linguistics*. *Annual Review of Applied Linguistics, 20*, 3–17.

Kusanagi, K., Mizumoto, A., & Takeuchi, O.（2015）. Reviewing effect sizes, statistical powers, and sample sizes of foreign language teaching research in Japan: A case of *Language Education & Technology*. *Language Education & Technology, 52*, 105–131.

Language Teaching Review Panel（2008）. Replication studies in language learning and teaching: Questions and answers. *Language Teaching, 41*, 1–14. ［https://doi.org/10.1017/S0261444807004727］

McKinley, J., & Rose, H.（eds.）.（2016）. *Doing research in applied linguistics: Realities, dilemmas, and solutions*. New York: Routledge.

Miller III, E. R., Pastor-Barriuso, R., Dalal, D., Riemersma, R. A., Appel, L. J., & Guallar, E.（2005）. Meta-analysis: High-dosage vitamin E supplementation may increase all-cause mortality. *Annals of Internal Medicine, 142*, 37–46. ［https://doi.org/10.7326/0003-4819-142-1-200501040-00110］

Mitchell, R.（2000）. Applied linguistics and evidence-based classroom practice: The case of foreign language grammar pedagogy. *Applied Linguistics, 21*(3), 281–303.

Mizumoto, A.（2015）. Langtest（Version 1.0）［Web application］. Retrieved from http://langtest.jp

Mizumoto, A., & Plonsky, L.（2015）. R as a lingua franca: Advantages of using R for quantitative research in applied linguistics. *Applied Linguistics, 37*(2), 284–291. ［http://doi.org/10.1093/applin/amv025］

Mizumoto, A., Urano, K., & Maeda, H.（2014）. A systematic review of published articles in *ARELE 1–24*: Focusing on their themes, methods, and outcomes. *Annual Review of English Language Education in Japan, 25*, 33–48. ［https://doi.org/10.20581/arele.25.0_33］

Muñoz, C.（2006）. *Age and the rate of foreign language learning*. Clevedon, UK: Multilingual Matters.

Muñoz, C.（2014）. Contrasting effects of starting age and input on the oral performance of foreign language learners. *Applied Linguistics, 35*(4), 463–482. ［https://doi:10.1093/applin/amu024］

Norris, J., & Ortega, L.（2000）. Effectiveness of L2 instruction: A research synthesis and quantitative meta-analysis. *Language Learning*, *50*, 417–528. 〔http://doi. org/10.1111/0023-8333.00136〕

Norris, J. M., & Ortega, L. (eds.) (2006). The value and practice of research synthesis for language learning and teaching. In J. M. Norris & L. Ortega (eds.), *Synthesizing research on language learning and teaching* (pp. 3–50). Amsterdam: John Benjamins.

OCEBM Levels of Evidence Working Group (2011). The Oxford 2011 levels of evidence. Retrieved from http://www.cebm.net/index.aspx?o=1025

Oswald, F. L., & Plonsky, L. (2010). Meta-analysis in second language research: Choices and challenges. *Annual Review of Applied Linguistics*, *30*, 85–110. 〔https://doi.org/10.1017/S0267190510000115〕

Parkhurst, J. O. (2016). *The politics of evidence: From evidence-based policy to the good governance of evidence*. London: Routledge.

Pennycook, A. (2001). *Critical applied linguistics: A critical introduction*. Mahwah, NJ: Lawrence Erlbaum.

Plonsky, L. (2011). The effectiveness of second language strategy instruction: A meta-analysis. *Language Learning*, *61*, 993–1038.

Plonsky, L. (2013). Study quality in SLA: An assessment of designs, analyses, and reporting practices in quantitative L2 research. *Studies in Second Language Acquisition*, *35*, 655–687.

Plonsky, L. (2014). Study quality in quantitative L2 research (1990–2010): A methodological synthesis and call for reform. *The Modern Language Journal*, *98*, 450–470.

Plonsky, L., & Brown, D. (2014). Domain definition and search techniques in meta-analyses of L2 research (Or why 18 meta-analyses of feedback have different results). *Second Language Research*, *31*(2), 267–278. 〔https://doi: 10.1177/0267658314536436〕

Plonsky, L., & Gass, S. (2011). Quantitative research methods, study quality, and outcomes: The case of interaction research. *Language Learning, 61*, 325–366.

Porte, G. (2012). Introduction. In G. Porte (ed.), *Replication research in applied linguistics* (pp. 1–17). Cambridge: Cambridge University Press.

Reid, C. M., Martin, R. M., Sterne, J. A. C., Davies, A. N., & Hanks, G. W. (2006). Oxycodone for cancer-related pain: Meta-analysis of randomized controlled trials. *Archives in Internal Medicine, 166*, 837–843.〔https://doi.org/10.1001/archinte.166.8.837〕

Russell, J., & Spada, N.（2006）. The effectiveness of corrective feedback for the acquisition of L2 grammar. In J. M. Norris & L. Ortega（eds.）, *Synthesizing research on language learning and teaching*（pp. 133–164）. Amsterdam: John Benjamins.〔http://doi.org/10.1075/lllt.13〕

Sato, M., & Loewen, S.（eds.）.（2019）. *Evidence-based second language pedagogy: A collection of instructed second language acquisition studies*. New York: Routledge.

Sen, A.（2017）. *Collective choice and social welfare: An expanded edition*. Cambridge: Harvard University Press.

Shin, H. W.（2010）. Another look at Norris and Ortega（2000）. *Working Papers in TESOL and Applied Linguistics, 10*, 15–38.

Spada, N., & Tomita, Y.（2010）. Interactions between type of instruction and type of language feature: A meta-analysis. *Language Learning, 60*（2）, 263–308.〔http://doi.org/10.1111/j.1467-9922.2010.00562.x〕

Stegenga, J.（2014）. Down with the hierarchies. *Topoi, 33*（2）, 313–322.

Taber, K.（2013）. *Classroom-based research and evidence-based practice: An introduction*. London: Sage.

Terasawa, T.（2019）. Evidence-based language policy: theoretical and methodological examination based on existing studies. *Current Issues in Language Planning, 20*（3）, 245–265.

Watari, Y.（2014）What does 'explicit' mean? A methodological consideration in explicit grammar teaching research. AILA World Congress 2014（Brisbane, Australia）.

Watari, Y., & Mizushima, L.（2016）. A reexamination of meta-analyses of explicit grammar teaching research from pedagogical perspectives. The 35th Second Language Research Forum 2016（New York, Teachers College, Columbia University）.

〈和文参考文献〉

石井英真（2015）.「教育実践の論理から「エビデンスに基づく教育」を問い直す――教育の標準化・市場化の中で」『教育学研究』82（2）, 216–228.

岩崎学(2015).『統計的因果推論』東京：朝倉書店.

岩波データサイエンス刊行委員会(編)(2016).『岩波データサイエンス Vol. 3 特集＝因果推論』東京：岩波書店.

印南洋(2012).「メタ分析」平井明代(編)『教育・心理系研究のためのデータ分析入門』(pp. 224–251) 東京：東京図書.

植松茂男・佐藤玲子・伊藤摂子(2013).「英語活動の効果について――英語習熟度テストとアンケートを利用した予備的調査分析」*JES Journal, 13,* 68–83.

内田良(2015).「教育実践におけるエビデンスの功と罪」『教育学研究』82(2), 277–286.

浦野研・亘理陽一・田中武夫・藤田卓郎・髙木亜希子・酒井英樹(2016).『はじめての英語教育研究――押さえておきたいコツとポイント』東京：研究社.

大久保街亜・岡田謙介(2012)『伝えるための心理統計――効果量・信頼区間・検定力』東京：勁草書房.

大隅昇(2010a).「ウェブ調査とはなにか?――可能性，限界そして課題(その1)」『市場調査』(284)，4–19.

大隅昇(2010b).「ウェブ調査とはなにか?――可能性，限界そして課題(その2)」『市場調査』(285)，2–27.

大森不二雄(2017).「英語教育に関する調査報告書」https://www.city.osaka.lg.jp/seisakukikakushitsu/cmsfiles/contents/0000391/391984/01siryo1.pdf (2021 年 6 月 8 日アクセス)

神取道宏(2014).『ミクロ経済学の力』東京：日本評論社.

草薙邦広(2015).「教育実践のなかで集団に対する処遇の結果を適切に解釈するための定量的方法――効果量の利用とその限界点」『外国語教育メディア学会(LET)関西支部メソドロジー研究部会報告論集』6，45–82.

草薙邦広(2019).「英語教育研究における共通成果変数策定への道のり――PK-Test の調査結果を中心に」第 48 回中部地区英語教育学会石川大会. 北陸大学.

草薙邦広・水本篤・竹内理(2015).「日本の外国語教育研究における効果量・検定力・標本サイズ――*Language Education & Technology* 掲載論文を対象にした事例分析」*Language Education & Technology, 52,* 105–131.

久保田竜子(2018).『英語教育幻想』東京：筑摩書房.

グリム，L. G.・ヤーノルド，P. R.(編)(小杉孝司[監訳])(2016)．『研究論文を読み解くための多変量解析入門——重回帰分析からメタ分析まで 基礎篇』京都：北大路書房.

国立教育政策研究所(編)(2012)．『教育研究とエビデンス——国際的動向と日本の現状と課題』東京：明石書店.

国立教育政策研究所教育課程研究センター(2020)．『「指導と評価の一体化」のための学習評価に関する参考資料【中学校 外国語】』東京：東洋館出版社.

佐伯胖(1980)．『「きめ方」の論理——社会的決定理論への招待』東京：東京大学出版会.

佐藤郁哉(2015)．『社会調査の考え方(上・下)』東京：東京大学出版会.

JASTEC プロジェクトチーム(1986)．「早期英語学習経験者の追跡調査——第Ⅰ報」『日本児童英語教育学会研究紀要』5, 48–67.

シャロン，R.(斎藤清二他訳)(2019)．『ナラティブ・メディスンの原理と実践』京都：北大路書房.

ジョージ，A. L.・ベネット，A.(泉川泰博訳)(2013)．『社会科学のケース・スタディ——理論形成のための定性的手法』東京：勁草書房.

白井恭弘(2008)．『外国語学習の科学——第二言語習得論とは何か』東京：岩波書店.

杉田浩崇(2019)．「『エビデンスに基づく教育』という問題圏——科学思想史からその磁場を問う」杉田浩崇・熊井将太(編)『「エビデンスに基づく教育」の閾を探る——教育学における規範と事実をめぐって』(pp. 16–40)．横浜：春風社.

杉田浩崇・熊井将太(編)(2019)．『「エビデンスに基づく教育」の閾を探る——教育学における規範と事実をめぐって』横浜：春風社.

竹内理・水本篤(編)(2014)．『外国語教育研究ハンドブック——研究手法のより良い理解のために[改訂版]』東京：松柏社.

田中武夫・髙木亜希子・藤田卓郎・滝沢雄一・酒井英樹(編著)(2019)．『英語教師のための「実践研究」ガイドブック』東京：大修館書店.

丹後俊郎(2002)．『メタ・アナリシス入門——エビデンスの統合をめざす統計手法』東京：朝倉書店.

デュフロ，E.・グレナスター，R.・クレーマー，M.(石川貴之他訳)(2019)．『政策評価のための因果関係の見つけ方——ランダム化比較試験入門』東京：日本評論社.

参 考 文 献

寺沢拓敬(2015a).「英語教育学における科学的エビデンスとは？──小学校英語教育政策を事例に」『外国語教育メディア学会(LET)中部支部外国語教育基礎研究部会 2014 年度報告論集』15–30.

寺沢拓敬(2015b).『「日本人と英語」の社会学──なぜ英語教育論は誤解だらけなのか』東京：研究社.

寺沢拓敬(2017).「小学校英語の効果をめぐるエビデンス」藤原康弘・仲潔・寺沢拓敬(編)『これからの英語教育の話をしよう』(pp. 43–47). 東京：ひつじ書房.

寺沢拓敬(2018).「小学校英語に関する政策的エビデンス　子どもの英語力・態度は向上したのか?」『関東甲信越英語教育学会学会誌』32，57–70.

寺沢拓敬(2019a).「『入試が変わらないから英語教育に成果が出ない』に根拠はない──政策効果の観点から見た『外部試験』論議」Retrieved from http://www.hituzi.co.jp/hituzigusa/2019/02/28/letstalk-15/

寺沢拓敬(2019b).「ポリティクスの研究で考慮すべきこと──複合的合理性・実態調査・有効性研究」牲川波都季(編)『日本語教育はどこへ向かうのか──移民時代の政策を動かすために』(pp. 109–130). 東京：くろしお出版.

寺沢拓敬(2020a).『小学校英語のジレンマ』東京：岩波書店.

寺沢拓敬(2020b).「『エビデンスに基づく教育』の可能性と限界」『現代思想』48(12)，104–113.

トゥランジョー, R.・コンラッド, F. G.・クーパー, M. R.(大隅昇他訳)(2019).『ウェブ調査の科学──調査計画から分析まで』東京：朝倉書店.

豊永耕平・須藤康介(2017).「小学校英語教育の効果に関する研究──先行研究の問題点と実証分析の可能性」『教育学研究』84(2)，215–227.〔https://doi.org/10.11555/kyoiku.84.2_215〕

中村和男・富山慶典(1998).『選択の数理──個人的選択と社会的選択』東京：朝倉書店.

中室牧子(2015).『「学力」の経済学』東京：ディスカヴァー・トゥエンティワン.

中室牧子・津川友介(2017).『「原因と結果」の経済学──データから真実を見抜く思考法』東京：ダイヤモンド社.

ナトリー, S. M.・ウォルター, I.・デイヴィス, H.T.O(惣脇宏他訳) (2015).『研究活用の政策学──社会研究とエビデンス』東京：明石書店.

根岸雅史・村越亮治(2014).「文法の手続き的知識をどう測るか」*ARCLE REVIEW*, *8*, 22–33.

長谷川修治(2013).「小学校英語の開始学年と指導形態の及ぼす効果——熟達度テストと意識調査による比較検証」*JES Journal*, *13*, 163–178.

ハッティ，ジョン（山森光陽［監訳］）(2018)『教育の効果——メタ分析による学力に影響を与える要因の効果の可視化』東京：図書文化社.

バトラー後藤裕子(2015).『英語学習は早いほど良いのか』東京：岩波書店.

ブリッジ，D.・スメイヤー，P.・スミス，R.(柘植雅義他訳)(2013).『エビデンスに基づく教育政策』東京：勁草書房.

ポープ，C.・メイズ，N.・ポペイ，J.(中田晴美他訳)(2009).『質的研究と量的研究のエビデンスの統合——ヘルスケアにおける研究・実践・政策への活用』東京：医学書院.

星野崇宏(2009).『調査観察データの統計科学——因果推論・選択バイアス・データ融合』東京：岩波書店.

正木朋也・津谷喜一郎(2006).「エビデンスに基づく医療(EBM)の系譜と方向性——保健医療評価に果たすコクラン共同計画の役割と未来」『日本評価研究』6(1)，3–20.

松川礼子(1976).「英語教育研究に期待される二つの面——decision-oriented research のすすめ」『中部地区英語教育学会研究紀要』5，101–104.

松下良平(2015).「エビデンスに基づく教育の逆説——教育の失調から教育学の廃棄へ」『教育学研究』82(2)，202–215.

松原望(1977).『意思決定の基礎』東京：朝倉書店.

水本篤・竹内理(2008).「研究論文における効果量の報告のために——基礎概念と注意点」関西英語教育学会紀要『英語教育研究』31，57–66.

物井尚子(2013).「小学校外国語活動にみる児童の国際的志向性」『日本児童英語教育学会(JASTEC)研究紀要』32，19–35.

物井尚子(2015).「日本人児童の WTC モデルの構築——質問紙調査からみえてくるもの」『日本児童英語教育学会(JASTEC)研究紀要』34，1–20.

森俊郎・江澤隆輔(2019).『学校の時間対効果を見直す！——エビデンスで効果が上がる 16 の教育事例』東京：学事出版.

文部科学省(2017).『中学校学習指導要領(平成 29 年告示)解説　外国語編』東京：開隆堂出版.

安井翔太・ホクソエム(2020).『効果検証入門——正しい比較のための因果推論／計量経済学の基礎』東京：技術評論社.

柳瀬陽介(2010).「英語教育実践支援のためのエビデンスとナラティブ——

EBM と NBM からの考察」『中国地区英語教育学会研究紀要』40, 11–20.

柳瀬陽介(2017).「英語教育実践支援研究に客観性と再現性を求めることについて」『中国地区英語教育学会研究紀要』47, 83–93.

山田剛史・井上俊哉(編)(2012).『メタ分析入門――心理・教育研究の系統的レビューのために』東京：東京大学出版会.

山中司(2019).「大学にもう英語教育はいらない――自身の「否定」と「乗り越え」が求められる英語教育者へのささやかなる警鐘」『立命館人間科学研究』38, 73–89.

山森光陽(2018)「監訳者解説」ハッティ，ジョン(山森光陽［監訳］)『教育の効果――メタ分析による学力に影響を与える要因の効果の可視化』(pp. 13–24) 東京：図書文化社.

山森光陽・岡田涼・納富涼子・山田剛史・亘理陽一・熊井将太・岡田謙介・澤田英輔・石井英真(2019).「知見の統合は何をもたらすのか」『日本教育心理学会第 61 回総会発表論文集』(pp. 84–85).

山森光陽・岡田涼・山田剛史・亘理陽一・熊井将太・岡田謙介・澤田英輔・石井英真 (2021).「教育研究の知見の統計的統合は何をもたらすのか」『教育心理学年報』60, 1–23.

吉村治正(2017).『社会調査における非標本誤差』東京：東信堂.

和田順一・木下愛里・菊原健吾・和田孝子・酒井英樹(2019).「外国語活動による児童の聴解力，英語力に関する自己評価及び英語学習に関する意識の変容――授業時数の違いに焦点をあてて」『日本児童英語教育学会(JASTEC)研究紀要』38, 63–75.

亘理陽一(2014).「メタ分析の手続きについて――大切なことは全て効果量が教えてくれるか?」『外国語教育メディア学会(LET)関西支部メソドロジー研究部会報告論集』5, 64–74.

亘理陽一(2020).「エビデンスに基づく教育は何をもたらすのか」『人間と教育』106, 20–27.

索 引

執筆者紹介

亘理陽一(わたり・よういち)——はじめに、第4章、補章

　中京大学国際学部教授。博士(教育学)。専門は英語教育学・教育方法学。教育研究の方法論的検討、言語教育内容構成理論の構築、外国語教員養成課程・研修における PCK の形成過程の解明などに関心がある。著書に、『流行に踊る日本の教育』(共著、東洋館出版社)、『高校英語授業を知的にしたい——内容理解・表面的会話中心の授業を超えて』(共編著、研究社)、『学習英文法を見直したい』(共著、研究社)など。

草薙邦広(くさなぎ・くにひろ)——第1章、第8章7–8節、第9章、補章

　県立広島大学准教授。博士(学術)。専門は言語学・言語教育。言語研究と教育実践に対する数理モデリングの応用、研究方法論一般と言語教育を巡る思想に関心がある。著書に『たのしいベイズモデリング——事例で拓く研究のフロンティア』(共著、北大路書房)など。

寺沢拓敬(てらさわ・たくのり)——第2章、第5章、補章

　関西学院大学社会学部准教授。博士(学術)。専門は、言語社会学、教育社会学、言語政策。非英語圏(特に日本)における英語をめぐる政策・制度・言説に関心がある。著書に、『「なんで英語やるの?」の戦後史——《国民教育》としての英語、その伝統の成立過程』(研究社)、『「日本人と英語」の社会学——なぜ英語教育論は誤解だらけなのか』(研究社)、*Learning English in Japan: Myths and Realities* (Trans Pacific Press)、『小学校英語のジレンマ』(岩波書店)など。

浦野　研(うらの・けん)——第3章、補章

　北海学園大学経営学部教授。MA in English as a Second Language. 専門は第二言語習得・英語教育。統語・形態素の習得、特定目的の英語教育、タスク・ベースの言語教育に関心がある。著書に、『はじめての英語教育研究——押さえておきたいコツとポイント』(共著、研究社)、『タスク・ベースの英語指導——TBLT の理解と実践』(共著、大修館書店)など。

工藤洋路(くどう・ようじ)——第8章1–6節、補章

　玉川大学文学部教授。博士(学術)。専門は、英語教育学。英語教授法、英語ライティング論、言語テスト論、英語教材論、英語教員養成に関心がある。著書に、『新しい英語教育の展開』(共著、玉川大学出版部)など。

酒井英樹(さかい・ひでき)——第6章、第7章、補章

　信州大学学術研究院教育学系教授。Doctor of Education. 専門は、第二言語習得、英語教育学。第二言語習得における言語環境の役割に関心がある。著書に『「学ぶ・教える・考える」ための実践的英語科教育法』(共編著、大修館書店)、『小学校で英語を教えるためのミニマム・エッセンシャルズ——小学校外国語科内容論』(共編著、三省堂)、『小学校外国語活動 基本の「き」』(大修館書店)など。

英語教育のエビデンス——これからの英語教育研究のために

2021 年 9 月 30 日　初版発行　　　2023 年 2 月 10 日　2 刷発行

著　　者　亘理陽一・草薙邦広・
　　　　　寺沢拓敬・浦野研・
　　　　　工藤洋路・酒井英樹

KENKYUSHA
〈検印省略〉

発 行 者　吉　田　尚　志

印 刷 所　図書印刷株式会社

発 行 所　株式会社　研 究 社
　　　　　https://www.kenkyusha.co.jp/

〒102–8152
東京都千代田区富士見 2–11–3
電話（編集）03（3288）7711（代）
　　（営業）03（3288）7777（代）
振　替　00150–9–26710

装丁：清水良洋（Malpu Design）
ISBN 978–4–327–41105–3　C 3082　　Printed in Japan